Fra [illegible] francés

para
dummies®

Frases en francés

para dummies®

Dodi-Katrin Schmidt
Michelle M. Williams
Dominique Wenzel

para dummies®

Edición publicada mediante acuerdo con Wiley Publishing, Inc.
...For Dummies, el señor Dummy y los logos de Wiley Publishing, Inc. son marcas registradas utilizadas con licencia exclusiva de Wiley Publishing, Inc.

Título original: *French Phrases For Dummies*

Traducción: Grupo Norma de América Latina

Grupo Planeta
Avda. Diagonal, 662-664
08034 – Barcelona

ISBN: 978-84-329-0334-2
Depósito legal: B. 1.293-2017

Primera edición: junio de 2010
Primera edición en esta presentación: febrero de 2017
Primera reimpresión en esta presentación: enero de 2018
Preimpresión: gama sl
Impresión: Huertas Industrias Gráficas, S. A.

Impreso en España - Printed in Spain
www.dummies.es
www.planetadelibros.com

¡La fórmula del éxito!

- Un tema de actualidad
- Un autor de prestigio
- Contenido útil
- Lenguaje sencillo
- Un diseño agradable, ágil y práctico
- Un toque de informalidad
- Una pizca de humor cuando viene al caso
- Respuestas que satisfacen la curiosidad del lector

¡Este es un libro *...para Dummies!*

Los libros de la colección *...para Dummies* están dirigidos a lectores de todas las edades y niveles de conocimiento interesados en encontrar una manera profesional, directa y a la vez entretenida de aproximarse a la información que necesitan.

Millones de lectores satisfechos en todo el mundo coinciden en afirmar que la colección *...para Dummies* ha revolucionado la forma de aproximarse al conocimiento mediante libros que ofrecen contenido serio y profundo con un toque de informalidad y en lenguaje sencillo.

Sumario

Sobre las autoras

Dodi-Katrin Schmidt trabaja desde hace diez años como escritora, traductora y editora. Aparte de traducir textos del alemán, francés e inglés sobre temas tan variados como la lingüística, el cine, el turismo y la literatura infantil, también ha participado en la creación de libros de texto para el aprendizaje de idiomas, manuales para profesores y complementos gramaticales para cursos de idiomas en vídeo. Durante más de veinte años ha sido profesora en colegios de secundaria, en centros de educación para adultos y en universidades, tanto en Europa como en Estados Unidos. También participa en la elaboración de exámenes oficiales de idiomas y de material para libros de texto. Ella y su marido son grandes viajeros y continuamente reciben estudiantes extranjeros en su casa en Princeton, Nueva Jersey.

Michelle Williams es editora en una importante editorial especializada en textos educativos. Fue profesora de francés de estudiantes cuyas edades oscilaban entre los dos y los dieciocho años, tanto en el sector privado como en el público. Está convencida de que la mejor manera de enseñar una lengua es haciéndola agradable y divertida. Su experiencia más gratificante es ver a su hijo de tres años, Nathaniel, aprendiendo a hablar y a cantar en francés.

Dominique Wenzel ha sido profesora de francés y traductora independiente durante quince años. Nacida y criada en Francia, obtuvo su Máster en la Universidad de Paris-Sorbonne e hizo estudios de posgrado en la Universidad de Chicago con una beca Fulbright. Entre sus alumnos se cuentan profesionales de los negocios, así como niños y adultos de todos los niveles e intereses. Viaja regularmente a Francia. Sus dos hijos se criaron en un ambiente bicultural y se desempeñan en el ámbito internacional.

Sobre las autoras

Introducción

A medida que las sociedades se van haciendo más cosmopolitas, adquiere una mayor utilidad e interés el aprendizaje de otros idiomas, aunque no se trate de obtener un conocimiento exhaustivo. Los viajes internacionales se han convertido en una opción más realista con la profusión de ofertas turísticas; mujeres y hombres de negocios viajan con gran frecuencia debido a sus compromisos laborales; muchas personas desean volver a sus raíces y aprender algo del idioma que hablaron sus antepasados.

Sean cuales fueren las razones que te motivan a aprender la lengua, *Francés para Dummies* te ayudará a cumplir tu objetivo. Este libro ha sido elaborado por dos compañías expertas en la publicación de material de divulgación: Berlitz, especializada en la enseñanza de idiomas, y Wiley Publishing, Inc., creadora de la serie *...para Dummies*. Gracias a nuestro trabajo en equipo, podrás adquirir las herramientas básicas para comunicarte en francés. No se busca que llegues a hablar el idioma con fluidez, sino que puedas saludar, comprar un billete de avión, pedir un plato en un restaurante y cosas de este estilo.

Sobre este libro

La ventaja de este libro es que no tienes que acudir a un aula dos veces a la semana durante un tiempo determinado. Puedes usar *Frases en francés para Dummies* como lo desees, tanto si quieres aprender frases y palabras que te ayuden a desenvolverte en un futuro viaje a un país de habla francesa, como si sólo quieres saludar a un vecino francófono. Puedes avanzar a la velocidad que más te convenga y leer la cantidad de páginas que gustes. Tampoco es necesario que leas los capítulos en orden consecutivo: puedes limitarte a leer las secciones que te interesan.

Si nunca has estudiado francés, te convendría leer los primeros capítulos antes de pasar a los demás. En ellos encontrarás los elementos básicos para el aprendizaje del francés, tales como la pronunciación de los sonidos.

Convenciones usadas en este libro

Para facilitar la utilización de este libro, hemos creado algunas convenciones:

- Los términos franceses van en **negrita**, para destacarlos.
- La pronunciación de los términos y las frases francesas va en *itálicas*.
- Los sonidos nasales (ver el capítulo 1) se señalan con el símbolo ~ sobre la vocal (õ, ã).
- Memorizar palabras clave también es fundamental en el aprendizaje de una lengua. Por ello, reunimos en tableros titulados "Palabras para recordar" el vocabulario importante del capítulo (o de una sección dentro del capítulo), junto con su traducción al español. En estos tableros también incluimos el artículo que corresponde al sustantivo, para que puedas aprenderlo junto con este.

Cabe destacar que en cada lengua hay una manera peculiar de expresar las ideas, y que las traducciones que ofrecemos al español no siempre son literales (¡ni pueden serlo!). Lo que queremos es que comprendas el sentido de las frases y no que entiendas palabra por palabra. Así, por ejemplo, la expresión **c'est normal** (*sé normal*) se traduciría literalmente como "es normal", pero en español diríamos, más bien, "es lógico". En este libro damos las traducciones del segundo tipo.

Suposiciones básicas

Escribimos este libro basándonos en algunas suposiciones sobre la clase de persona que eres y lo que buscas. Estas son las suposiciones que hemos hecho:

- » No sabes nada de francés o, si realizaste algún curso en el colegio, ya lo has olvidado todo.
- » Tu interés no es tener un libro que te lleve a hablar francés fluidamente; simplemente quieres aprender algunas palabras y frases, de manera que puedas tener una comunicación básica en el idioma galo.
- » En absoluto te interesa aprenderte largas listas de vocabulario o un montón de aburridas reglas gramaticales.
- » Quieres aprender un poco de francés y, al mismo tiempo, pasar un rato divertido.

Si todo lo anterior se aplica a tu caso, ¡este libro es para ti!

Iconos usados en este libro

Quizás estés buscando alguna información en particular mientras lees este libro. Para facilitarte la búsqueda, hemos puesto los siguientes iconos a un lado del texto:

CONSEJO

Este icono resalta aquellas partes del texto que contienen consejos para aprender más fácilmente el francés.

RECUERDA

Los textos señalados con este icono contienen información que no debes olvidar.

GRAMÁTICA

Con este icono llamamos la atención del lector sobre diversos aspectos gramaticales que pueden resultarle sorprendentes si no está preparado.

CULTURA GENERAL

Si estás buscando información y consejos sobre turismo y cultura, presta atención a este icono. Junto a él encontrarás datos interesantes sobre los países francófonos.

¿Y ahora qué sigue?

La clave de aprender una lengua está en lanzarse al agua (sin importar lo mala que sea la pronunciación en un principio). Te invitamos a darte el chapuzón sin pensártelo dos veces. Comienza por lo básico, escoge un capítulo que te interese. En un abrir y cerrar de ojos estarás en condiciones de poder responder **"Oui!"** cuando te pregunten "**Parlez-vous français?**".

EN ESTE CAPÍTULO

- Reconocer el francés que ya sabes
- Utilizar expresiones populares
- La pronunciación básica

Capítulo 1

¿Cómo se dice? Hablar francés

En este capítulo te lanzarás al agua y verás que el asunto pinta bien. Comenzaremos por mostrarte algunas de las miles de palabras que son similares en francés y en español. Al fin y al cabo, ¡las dos son lenguas romances! Luego, presentamos algunas expresiones francesas que quizás ya conoces. Para terminar, hablamos sobre la pronunciación.

El francés que ya sabes

Tanto el francés como el español son lenguas derivadas del latín y, por esta razón, tienen un inmenso vocabulario en común. Muchos de los verbos y sustantivos del latín pasaron a las lenguas romances con pocas modificaciones en su forma o significado. Sin embargo, también debemos advertirle al lector que esa similitud entre ambas lenguas a veces nos hace caer en pequeñas trampas, pues ciertas palabras que se escriben de manera similar tienen significados diferentes en cada idioma.

Buenos aliados – bons alliés (bÕ zalie)

Existe una enorme cantidad de palabras similares en francés y español. En algunos casos hay supresión de consonantes y en otros hay cambio de vocales. La siguiente lista comprende palabras que se escriben de manera ligeramente distinta y que tienen el mismo significado en ambos idiomas.

- **arracher** *(arashe)* (arrancar)
- **conquête** *(kÕket)* (conquista)
- **complaire** *(kÕpler)* (complacer)
- **dent** *(dõ)* (diente)
- **échelle** *(eshel)* (escala)
- **furieux** *(füriё)* (furioso)
- **goutte** *(gut)* (gota)
- **guide** *(gid)* (guía)
- **hôpital** *(opital)* (hospital)
- **fourmie** *(furmi)* (hormiga)
- **livre** *(livr)* (libro)
- **machine** *(mashin)* (máquina)
- **nécessaire** *(neseser)* (necesario)
- **papier** *(papie)* (papel)
- **pâte** *(pat)* (pasta)
- **résidu** *(rezidü)* (residuo)
- **voyage** *(vuaiaĵ)* (viaje)

Primos hermanos

En la tabla 1-1 se muestran palabras que son prácticamente iguales en ambos idiomas y tienen el mismo significado.

TABLA 1-1 **Palabras con grafía y pronunciación muy similares y exacto significado**

Francés	Español
boulevard *(bulvar)*	bulevar
brocoli *(brokoli)*	brócoli
classe *(klas)*	clase
chèque *(shek)*	cheque
condition *(kÕdisiÕ)*	condición
docile *(dosil)*	dócil
garage *(garaĵ)*	garaje
gaz *(gaz)*	gas
genial *(ĵenial)*	genial
fiscal *(fiskal)*	fiscal
hôtel *(otel)*	hotel
mal *(mal)*	mal
miel *(miel)*	miel
morale *(moral)*	moral
mourir *(murir)*	morir
possible *(posibl)*	posible
reproche *(rëprosh)*	reproche
social *(sosial)*	social
stérile *(steril)*	estéril
taxi *(taksi)*	taxi
total *(total)*	total
vil *(vil)*	vil

Falsos amigos – faux amis (fozami)

Las palabras que veremos a continuación son muy similares a ciertas palabras del español, pero su significado es completamente diferente:

- **affamé** *(afame)*: Esta palabra significa "hambriento" y no "afamado". La palabra que equivale a "afamado" en francés es **réputé** o **célèbre**.
- **cadenas** *(kadna)*: Esta palabra significa "candado" y no "cadena". La palabra que equivale a "cadena" en francés es **chaîne**.
- **carte** *(kart)*: Esta palabra significa "tarjeta" y no "carta". La palabra que equivale a "carta" en francés es **lettre**.
- **nombre** *(nÕbr)*: Esta palabra significa "número" y no "nombre". La palabra que equivale a "nombre" es **nom**.
- **quitter** *(kite)*: Esta palabra significa "dejar" y no "quitar". La palabra que equivale a "quitar" en francés es **enlever**.
- **rester** *(reste)*: Esta palabra significa "quedar" o "quedarse" y no "restar". La palabra que equivale a "restar" en francés es **soustraire**.

Préstamos lingüísticos

Una de las características más notables de las lenguas es que toman prestados términos de otras lenguas y se los apropian. Como es de suponer, el francés no es la excepción. Muchas son las palabras que el idioma galo ha tomado del inglés. Algunos puristas condenan esta práctica, pues la consideran una señal de contaminación cultural y una pérdida de identidad del francés. Es el denominado **franglais** *(frõgle)*. Veamos algunos ejemplos:

- » **le weekend** *(lë uikend)* (el fin de semana)
- » **le parking** *(lë parking)* (el estacionamiento)
- » **le steak** *(lë steik)* (el bistec)
- » **le shopping** *(lë shoping)* (las compras)
- » **le jet set** *(lë dĵet set)* (el jet set)
- » **cool** *(kul)* (guay)
- » **le business** *(lë bisnes)* (los negocios)
- » **le tunnel** *(lë tünel)* (el túnel)
- » **le manager** *(lë manaĵer)* (el gerente)
- » **le marketing** *(lë marketing)* (el marketing)
- » **le budget** *(lë büdĵe)* (el presupuesto)
- » **le rock** *(lë røk)* (el rock)
- » **le job** (*la job*, en Quebec) *(lë dĵob)* (el trabajo)
- » **le fast food** *(lë fas fud)* (la comida rápida)

Soltar la lengua: pronunciación básica

A decir verdad, la mayor dificultad de la pronunciación consiste en quitarse el miedo a no reproducir perfectamente los sonidos de una lengua. Quizás te sientas intimidado, pues tienes demasiado presentes algunas de tus canciones favoritas o los diálogos de ciertas películas. Sin embargo, es muy importante recordar que lo importante de hablar una lengua no es parecer un hablante nativo sino poder expresarse y hacerse entender. Una vez que hayas superado el miedo a hacer el ridículo, todo será mucho más fácil y divertido. ¡Ánimo! No hay nada que temer.

RECUERDA

Para poder disfrutar de un deporte, ya sea como espectador o como jugador, es necesario comprender sus reglas básicas. Con los idiomas sucede lo mismo. Una vez domines las reglas de pronunciación, lo único que te quedará por hacer será practicar siempre que se te presente la ocasión. Es como enseñarle a un niño a tocar el piano: lo ideal es que haga prácticas cortas, pero con mucha frecuencia. Un buen método consiste en escuchar y repetir varias veces la misma palabra o frase, aunque parezca aburrido.

El alfabeto francés

El alfabeto francés tiene 26 letras. Los nombres de cada una de ellas son muy similares a sus nombres en español. En la tabla 1-2 aparecen las letras con sus respectivos nombres. Saberlos puede ser de mucha utilidad para cuando tengas que deletrear tu apellido o el nombre de una calle. Un aspecto que deben tener muy en cuenta los hispanohablantes es la diferencia entre la *b* y la *v*, que en todos los países de habla española se pronuncian igual. Con un poco de práctica, lograrás convertirte en un experto.

TABLA 1-2 **El alfabeto francés**

Letra	Sonido	Sonido similar en español
a	*a*	ala
b	*be*	bebé
c	*ce*	coco
d	*de*	dado
e	*ë*	
f	*ef*	fofo
g	*ĵe**	
h	*ash*	hola
i	*i*	isla

(continúa)

TABLA 1-2 El alfabeto francés ***(Continuación)***

Letra	Sonido	Sonido similar en español
j	*ĵi**	
k	*ka*	kilo
l	*el*	lobo
m	*em*	mamá
n	*en*	nene
o	*o*	oro
p	*pe*	papá
q	*qü*	queso
r	*er*	rana
s	*es*	sapo
t	*te*	té
u	*ü*	
v	*ve*	
w	*duble ve*	
x	*iks*	taxi
y	*i grek*	hielo
z	*zèd*	

** Aunque el sonido no existe en español, hay un truco para aprender a pronunciarlo: intenta hacer una mezcla de los sonidos que producen las letras* y *y* ch *en castellano.*

Los sonidos de las vocales

Los sonidos de las vocales son los más difíciles de pronunciar en francés, pues hay una gran variedad de ellos y no siempre con un equivalente en español. A diferencia del español, las vocales de una misma sílaba no se pronuncian separadamente, sino que, agrupadas de cierta manera, adoptan una pronunciación particular. En la tabla 1-3 se encuentran todos estos sonidos.

TABLA 1-3 Las vocales francesas

Sonido	Escritura	Sonido en español	Palabra francesa
a	*a, â*	alma	tasse *(tas)* (taza)
ë*	*e, eu*		**petit** *(pëti)* (pequeño)
e	*é, ez, er, et*	eco	**café** *(kafe)* (café)
è**	*è, ê, ai*		**mère** *(mèr)* (madre)
i	*i, y*	indio	**vite** *(vit)* (rápido)
o	*o, ô, au, eau*	ola	**eau** *(o)* (agua)
ø***	*o*		**pomme** *(pøm)* (manzana)
u	*ou*	uva	**amour** *(amur)* (amor)
ua	*oi, oy*	cuanto	**soie** *(sua)* (seda)
ü****	*u*		**salut** *(salü)* (hola)

* *Aunque este sonido no existe en español, hay un truco para aprender a pronunciarlo: abre la boca como para decir una* o *y di una* e.

** *Abre la boca como para decir una* a *y di una* e.

*** *Abre la boca como para decir una* a *pero haz que suene como una* o.

*****Estira los labios como para decir una* o *y déjalos en esa posición. Luego, sin mover los labios, di una* i.

El acento

A diferencia de lo que ocurre en español, el acento sobre una vocal no indica que el peso de la entonación se pone en ella. De hecho, una misma palabra puede tener dos acentos (como, por ejemplo, **pépinière** (*pepinièr*) (vivero). Los acentos en francés sirven para indicar la apertura de la boca al pronunciar las vocales que llevan los acentos.

La e muda

Si la palabra termina con una *e* (sin acento), o cuando la *e* va entre dos consonantes, nos hallamos en presencia de una *e* muda, pues no se pronuncia. Veamos algunos ejemplos: **grande** *(grõ)* (grande), es el primer caso mencionado; **samedi** *(samdi)* (sábado), es el segundo caso.

Los sonidos nasales

Los sonidos nasales son típicos del francés, y no existen en español. Sin embargo, son relativamente fáciles de pronunciar, pues basta con dejar salir el aire por la nariz. ¡Haz como si estuvieras resfriado! La consonante final *n* no se pronuncia.

El sonido de **grand** *(grõ)*, por ejemplo, se logra poniendo la boca como para decir una *o*, como en español, pero se dice una *a*, como en español, dejando salir el aire por la nariz.

El sonido de **pain** *(pã)* se logra poniendo la boca como para decir una *e*, como en español, pero se dice una *a*, dejando salir el aire por la nariz.

El sonido de **opportun** *(oportũ)* se logra poniendo la boca como para decir una *u*, como en español, pero se dice una *a*, dejando salir el aire por la nariz.

El sonido de **bon** *(bÕ)* se logra poniendo la boca como para decir una *o*, como en español, y en efecto se dice una *o*, pero se deja salir el aire por la nariz.

TABLA 1-4 Sonidos nasales

Sonido	Escritura	Palabra francesa
õ	*an, en*	**grand** *(grõ)* (grande)
ã	*ain, in, aim, im*	**pain** *(pã)* (pan)
ũ	*un*	**opportun** *(oportũ)* oportuno
Õ	*on*	**bon** *(bÕ)* (bueno)

Las consonantes

Muchas consonantes francesas se pronuncian igual que en español; sin embargo, hay algunas diferencias notables con el español (entre ellas, la *b* y la *v*, pues las dos se pronuncian igual en todos los países de habla española; sin embargo, para pronunciar la *v* francesa hay que poner los dientes superiores sobre el labio inferior).

También merece la pena recordar que, en francés, las consonantes al final de la palabra no se pronuncian, salvo la *c*, la *f*, la *r* y la *l*, que sí se pronuncian.

En la tabla 1-5 incluimos algunas consonantes especiales.

TABLA 1-5 Consonantes especiales

Sonido	Escritura	Sonido en español	Palabra francesa
s	ss (entre dos vocales)	saco	**poisson** *(puasÕ)* (pez)
	c (delante de e, i)		**ciel** (siel) (cielo)
	ç (delante de a, o, u)		**garçon** *(garsÕ)* (muchacho)
g	g (delante de a, o, u)	goma	**gâteau** *(gato)* (pastel)
	gu (delante de e, i)		**guerre** *(ger)* (guerra)
ĵ	j, g (delante de e, i)		**jour** *(ĵur)* (día); genou *(ĵënu)* (rodilla)
sh	ch		**chapeau** *(shapo)* (sombrero)
ñ	gn	niño	**vigne** *(viñ)* (viña)

Hay dos consonantes más que vale la pena mencionar:

- Una sola *s* entre dos vocales se pronuncia haciendo vibrar las cuerdas vocales (este sonido no existe en español): **vision** *(viziÕ)* (visión).
- La *r* francesa suele producir un poco de temor, pues se trata de un sonido gutural muy particular. No hay razón para temer: con un poco de práctica comprobarás que es una consonante como cualquier otra.

El enlace entre dos palabras (liaison)

Es muy probable que, al escuchar a una persona hablando en francés, tengas dificultad para identificar dónde termina una palabra y dónde comienza la siguiente. Esto se debe a la famosa **liaison**. **Faire la liaison** *(fer la liezÕ)* (hacer el enlace entre dos palabras) consiste en pronunciar la última consonante de una palabra (que normalmente no se pronuncia) unida a la vocal con la que empieza la siguiente palabra.

Veamos algunos ejemplos:

- **C'est_un petit_appartement** *(setũ pëtitapartëmõ)* (es un apartamento pequeño).
- **Tu es mon_ami depuis six_ans** *(tüe mõnami dëpüi sizõ)* (eres amigo mío desde hace seis años).

Sin embargo, dado que el francés es un idioma en el que abundan las excepciones a la regla, es necesario prestar atención al pronunciar ciertos grupos de palabras, pues la **liaison** no es sistemática.

Así, por ejemplo, no se hace la **liaison** después de la conjunción **et** (e), como en la siguiente frase:

- **Un livre et / un crayon** *(ũ livr e ũ creiÕ)* (un libro y un lápiz)

La elisión

Cuando una palabra terminada en *a* o en *e* (por lo general, un pronombre o un artículo) va seguida por otra que comienza por vocal, desaparece el sonido de la *a* o de la *e* y se sustituye por un apóstrofo. Esta regla, al igual que la anterior, sirve para aumentar la fluidez de la lengua francesa.

A continuación presentamos algunos ejemplos:

» **la + école** => **l'école** *(lekøl)* (la escuela / el colegio)

» **je + aime** => **j'aime** *(ĵèm)* (me gusta)

» **le + enfant** => **l'enfant** *(lõfõ)* (el niño)

La acentuación

Las palabras españolas se clasifican, según el acento tónico, en agudas, graves y esdrújulas. En el francés no existe esta clasificación, pues todas las palabras tienen el acento tónico en la última sílaba pronunciada. Así, por ejemplo, en la palabra **photographie** *(fotografi)* (fotografía), el acento tónico está en el sonido *fi*.

No olvides quitar el acento de la sílaba que suele acentuarse en español. "Cámara" es una palabra esdrújula, pero en francés se acentúa la última sílaba de la palabra **caméra** (la fuerza se hace en el sonido *ra*). Tampoco te dejes despistar por el acento en la *e*, que simplemente es una indicación para la apertura de la boca. De nuevo, se trata de una simple cuestión de práctica.

Modismos y expresiones populares

El francés, al igual que todas las lenguas del mundo, cuenta con diversos modismos y expresiones populares. Muchas de ellas resultan indescifrables si pretendemos traducirlas palabra por palabra.

Estas formas expresivas fijas dan un toque especial a cada idioma. Así, por ejemplo, si te encuentras con un francés y le dices **"il pleut à cruches"** *(il plë a crush)* (llueve a cántaros), probablemente pensaría que has sufrido una enajenación repentina. Pero la primera vez que escuches a alguien pronunciar la expresión **"il tombe des cordes"** *(il tõb de kørd)*, que significa literalmente "caen cuerdas", es muy probable que pienses a qué cuerdas se refiere, sin caer en la cuenta de que se trata de la expresión idiomática equivalente a "llueve a cántaros".

Aparte de estas expresiones, que dan un carácter único a cada lengua y cada cultura, y que toma cierto tiempo aprender a reconocer, existen otras frases que no se pueden traducir palabra por palabra, pero que son muy prácticas en la conversación cotidiana.

A continuación presentamos algunas expresiones útiles y bastante comunes del francés:

» **allez! Un petit effort!** *(ale ã pëtitefør)* (¡venga! ¡Haz un pequeño esfuerzo!)

» **à mon avis** *(a mÕnavi)* (en mi opinión)

» **bien sûr** *(biã sür)* (por supuesto)

» **de rien** *(dë riã)* (de nada)

» **d'accord** *(dakør)* (vale / de acuerdo)

» **jamais de la vie!** *(ĵame dlavi)* (¡claro que no! / ¡jamás!)

» **tant mieux** *(tõ mië)* (pues, qué bien)

Las siguientes son expresiones que contienen el verbo **faire** *(fèr)* (hacer):

» **faire une promenade** *(fèr ün promnad)* (dar un paseo)

» **faire le plein** *(fèr lë plã)* (llenar el depósito de gasolina)

- **faire attention** *(fèr atõsiõ)* (prestar atención / tener cuidado)
- **faire partie de** *(fèr parti dë)* (formar parte de)
- **faire les valises** *(fèr le valiz)* (hacer las maletas)

GRAMÁTICA

Estas son algunas expresiones que contienen el verbo **avoir** *(avuar)* (tener):

- **avoir besoin de** *(avuar bëzuã dë)* (necesitar)
- **avoir peur de** *(avuar për dë)* (tener miedo de)
- **avoir envie de** *(avuar õvi dë)* (tener ganas de)
- **avoir mal à la tête** *(avuar mal a la tèt)* (tener dolor de cabeza)
- **avoir chaud** *(avuar sho)* (tener calor)
- **avoir froid** *(avuar frua)* (tener frío)
- **avoir faim** *(avuar fã)* (tener hambre)
- **avoir soif** *(avuar suaf)* (tener sed)
- **avoir raison** *(avuar rezõ)* (tener razón)
- **avoir tort** *(avuar tør)* (estar equivocado)
- **en avoir assez** (*õnavuar ase)* (estar harto) Quebec: **être tanné** *(ètr tane)*

EN ESTE CAPÍTULO

Construir frases sencillas

Hacer preguntas sin complicarse la vida

Conjugar verbos en los tiempos simples: pasado, presente y futuro

El género: los pronombres, los artículos y los adjetivos

El trato personal: tú, vosotros y usted

Capítulo 2

Lo básico de la gramática francesa

Si bien es cierto que la palabra *gramática* pone los pelos de punta a muchas personas, la verdad es que no hay ninguna razón para sentirse intimidado: la gramática es, sencillamente, la explicación de cómo se juntan las palabras de una lengua para que tengan sentido. La palabra gramática sirve para designar la manera en la que combinamos los sustantivos (que sirven para nombrar cosas), los adjetivos (que califican a los sustantivos), los verbos (que indican acciones o estados) y los adverbios (que califican los verbos, los adjetivos u otros adverbios). Esta combinación de palabras nos permite expresar necesidades, deseos, gustos, molestias; nos permite hablar del presente, del pasado y del futuro; y nos permite explicar cómo se llevan a cabo las acciones.

Construcción de frases sencillas

Tanto en español como en francés, una frase sencilla está compuesta por un sustantivo, un adjetivo, un verbo y, posiblemente, un adverbio.

Los sustantivos

Igual que en español, la totalidad de los sustantivos de la lengua francesa tienen un género: masculino o femenino. ¡Muy tradicionales, nuestros idiomas!

De la misma manera, los sustantivos pueden ser singulares o plurales. Los gramáticos le llaman a esto el número.

En francés, igual que en español, los sustantivos suelen ir precedidos por un artículo, que sirve para marcar el género y el número. Es importante recordar el sustantivo con su respectivo artículo, pues no siempre el género coincide en español y en francés. Así, por ejemplo, **miel** *(miel)* es un sustantivo masculino en francés. Sigue este valioso consejo cuando estés aprendiendo vocabulario: en vez de memorizar la palabra **table** *(tabl)* (mesa) sola, apréndetela con el género; así: **la table** *(la tabl)* (la mesa) o **une table** *(ün tabl)* (una mesa). En ese mismo capítulo, en la sección "El asunto del género", tratamos el tema del género con mayor detalle.

Otra similitud entre el español y el francés es que el plural de los sustantivos se marca con una *s* (aunque no exclusivamente). La diferencia es que en español se pronuncia el sonido de la *s*, pero no en francés.

Así, la **table** *(la tabl)* (la mesa) pasa a ser **les tables** *(le tabl)* (las mesas). El artículo plural, tanto femenino como masculino, siempre se convierte en **les** *(le)* (los, las). En cuanto a los artículos indefinidos **un** *(ũ)* (un), **une** *(ün)* (una), en plural se convierten en **des** *(de)* (unos, unas). Aquí hay otra diferencia con el español, donde existe un plural para el artículo indefinido femenino (unas) y un plural para el artículo indefinido masculino (unos). En francés sólo existe el artículo indefinido **des**. Así, **une table** *(ün tabl)* (una mesa) pasa a ser **des tables** *(de tabl)* (unas mesas).

Los adjetivos

Los adjetivos sirven para calificar o describir los sustantivos. En esto también tenemos suerte los hablantes de español, pues se aplica la misma norma gramatical que en francés: un adjetivo que califica un sustantivo masculino, por ejemplo, también debe ser masculino. Lo mismo si es plural. Además, algunos adjetivos se ponen antes del sustantivo y otros se ponen después.

Veamos algunos ejemplos:

» **le papier blanc** *(lë papie blõ)* (el papel blanco)

» **la grande maison** *(la grõnd mesÕ)* (la casa grande)

» **les feuilles vertes** *(le fëi vert)* (las hojas verdes)

» **les petits oiseaux** *(le pëti zuazo)* (los pajaritos)

En francés, la mayoría de los adjetivos se ubican después del sustantivo que describen, de forma similar al español. Así, decimos **un voyage intéressant** *(ũ vuaiaĵ ãteresõ)* (un viaje interesante).

Sin embargo, esta regla cambia cuando el adjetivo tiene que ver con alguno de los siguientes aspectos:

» La belleza: **beau / belle** *(bo / bel)* (bello / bella), joli *(ĵoli)* (bonito), etc.

» La edad: **jeune** *(ĵën)* (joven), **vieux / vieille** *(vië / viei)* (viejo / vieja), y demás.

» La bondad o la falta de ella: **bon / bonne** *(bÕ / bøn)* (bueno / buena), **mauvais** *(move)* (malo), y demás.

» El tamaño: **grand** *(grõ)* (grande), **petit** *(pëti)* (pequeño).

Todos estos adjetivos suelen preceder al sustantivo.

GRAMÁTICA

Recuerda que los adjetivos varían en género y número según el sustantivo que estén acompañando. Si el sustantivo es femenino, el adjetivo suele tener una *e* al final. Por ejemplo:

» **un petit appartement** *(ũ pëtitapartemõ)*

» **une grande maison** *(ün grõd mezÕ)*

Los verbos

Los verbos sirven para expresar acciones o estados. La acción tiene un sujeto (que puede ser la persona que lleva a cabo la acción), que puede ser un sustantivo (como en la frase "la hoja cae") o un pronombre (como en la frase "ellos cantan").

Igual que en español, debe haber concordancia entre el verbo y el sujeto, tanto en número como en persona. Así, por ejemplo, se dirá **la feuille tombe** *(la fëi tÕb)* (la hoja cae) y, en plural, **les feuilles tombent** *(le fëi tÕb)* (las hojas caen). Aunque la pronunciación del verbo conjugado es la misma, la terminación es diferente, así que hay que prestar atención al escribir.

Veamos un ejemplo de frase clásica en francés, compuesta por todos los elementos que acabamos de mencionar:

Les petits oiseaux chantent.

le pti zuazo chõt

Los pajaritos cantan.

En la sección "Los tiempos del verbo: pasado presente y futuro" encontrarás más detalles sobre la forma correcta de conjugar verbos, o sea, en concordancia con el sujeto.

Los adverbios

Un adverbio es una palabra que modifica (describe) un verbo, un adjetivo u otro adverbio. En español, muchos adverbios terminan en *-mente*, como en "ella habla francés perfectamente". En francés, dichos adverbios terminan en *-ment*, como en "**elle parle français parfaitement**" *(el parl frõse parfetmõ).*

La frase anterior puede alargarse de la siguiente manera:

Les petits oiseaux chantent joyeusement.

le pti zuazo chõt ʃuaiëzmõ

Los pajaritos cantan alegremente.

Tengo una pregunta

Hay tres maneras de hacer frases interrogativas en francés. Por ahora, mencionemos dos:

» Una forma muy sencilla de formular preguntas en francés es cambiar la entonación de las frases afirmativas, de tal manera que se vuelvan interrogativas:

Vous avez un ticket? *(vu zave ũ tike)* (¿tiene un billete?)

» Otra manera de hacer preguntas consiste en añadir **est-ce que** al principio de la frase.

Est-ce que vous avez un ticket? *(es kë vu zave ũ tike)*

Estas maneras de formular preguntas sirven para todos los tiempos del verbo: pasado, presente o futuro.

GRAMÁTICA

Hay que prestar atención a un pequeño detalle. Si la palabra que va después de **est-ce que** comienza por vocal, hay que poner un apóstrofe.

Veamos un par de ejemplos:

- **Est-ce qu'elle a un ticket?** *(es kel a ũ tike)* (¿ella tiene un billete?)
- **Est-ce qu'il fait chaud?** *(es kil fe sho)* (¿hace calor?)

También es posible hacer preguntas comenzando por el verbo, de manera similar al español. Veamos algunos ejemplos:

- **Avez-vous une chambre libre?** *(ave vu ün shõbr libr)* (¿tiene usted habitaciones disponibles?)
- **Êtes-vous / es-tu français?** *(et vu/e tü frõse)* (¿es usted / eres francés?)
- **Pouvez-vous/voulez-vous remplir ça?** *(puve vu / vule vu rõplir sa)* (¿puede / quiere rellenar esto?)
- **Peux-tu / veux-tu remplir ça?** *(pë tü / vë tü rõplir sa)* (¿puedes / quieres rellenar esto?)

Por lo general, se escucha este tipo de pregunta "invertida" con las personas **tu** y **vous**.

Cómo dar órdenes

La forma imperativa de un verbo puede usarse solamente con las personas **tu**, **vous** y **nous**. Uno no puede darse una orden a sí mismo, ni se la puede dar a una tercera persona ausente. El sujeto a quien se da la orden no aparece en la frase: está implícito. En la tabla 2-1 hay algunos ejemplos. Observa que los dos últimos ejemplos muestran que el imperativo se puede formar con todos los verbos, no únicamente con los terminados en **–er**.

TABLA 2-1 **El uso de los verbos en la forma imperativa**

Palabra	Pronunciación	Significado
tu restes ici	*tü rest isi*	tú te quedas aquí
reste ici! (se elimina	*rest isi*	¡quédate aquí! la s final, en los verbos terminados en –er)
vous ne parlez pas	*vu në parle pa*	vosotros no habláis / usted no habla
ne parlez pas!	*në parle pa*	no habléis / no hable
nous mangeons des frites	*nu mõĵÕ de frit*	nosotros comemos patatas fritas
mangeons des frites	*mõĵÕ de frit*	comamos patatas fritas
allons-y!	*alÕzi*	¡vamos!
finis ton lait!	*fini tÕ le*	¡termínate la leche!

Para dar órdenes negativas se necesitan dos partículas, **ne... pas** alrededor del verbo, incluyendo pronombres tales como **vous**. Veamos los siguientes ejemplos:

» **N'attendez pas Paul** *(natõde pa pol)* (no esperen a Paul).

» **Ne vous inquiétez pas** *(në vuz ãkiete pa)* (no se preocupe).

Al igual que en español, las órdenes en francés se dan sin incluir el sujeto en la frase:

» **Parle lentement** *(parle lõtmõ)* (habla despacio).

Verbos regulares e irregulares

Tanto en español como en francés, un verbo sin conjugar se conoce como infinitivo. En español, existen tres formas de verbos en infinitivo, según sus terminaciones: verbos terminados en *–ar*, *–er* e *–ir*. En francés, los infinitivos terminan en *–er* (**aller, parler**), *–ir* (**finir, venir**) y *–re* (**faire, dire**), principalmente.

La conjugación de los verbos, al igual que en español, se hace a partir del infinitivo. Asimismo, los verbos se clasifican en regulares e irregulares, según su conjugación.

Los verbos regulares tienen un patrón uniforme de conjugación. En español, por ejemplo, el verbo "amar" es regular, pues tiene esta característica.

Por su parte, el verbo "ser" es irregular, pues la forma del verbo depende del sujeto:

> Yo **soy**, tú **eres**, él (ella, usted) **es**, nosotros **somos**, vosotros **sois**, ellos (ellas, ustedes) **son**.

Los verbos regulares

En francés, los verbos regulares pertenecen a tres grandes grupos, según la terminación:

- El grupo más grande es el de aquellos que terminan en **-er**: achet**er** *(ashte)* (comprar), chant**er** *(shõte)* (cantar), parl**er** *(parle)* (hablar), donn**er** *(done)* (dar).
- Sin embargo, **aller** (ir) es irregular. En la sección "El tiempo futuro con el auxiliar *aller*" mostramos en detalle los aspectos de la conjugación de este verbo.
- Un segundo grupo es el de los verbos terminados en **-ir**, tales como fin**ir** *(finir)* (terminar), chois**ir** *(shuazir)* (escoger).

- El tercer grupo, más pequeño pero igualmente importante, es el de los verbos terminados en **–re,** tales como attend**re** *(atõdr)* (esperar), vend**re** *(võdre)* (vender).

Todos estos verbos son regulares, lo cual quiere decir que cada familia de verbos obedece a un patrón determinado de conjugación. Todas las terminaciones de cada persona son uniformes, dependiendo de cada tiempo y cada modo.

Los verbos irregulares

La conjugación de los verbos irregulares no sigue un patrón estable, sino que presenta algunas variaciones. Es necesario hacer un esfuerzo especial para memorizar las conjugaciones de estos verbos.

Los verbos irregulares más importantes son:

- **être** *(ètr)* (ser / estar)
- **avoir** *(avuar)* (tener)

Estos dos verbos no sólo se usan en muchas expresiones, sino que sirven de auxiliares para hacer conjugaciones en tiempos pasados.

Los verbos como "poder", "querer" y "deber" requieren de otro verbo que los siga, en infinitivo, tal como sucede en los siguientes ejemplos:

- **Tu peux traduire** *(tü pë tradüir)* (puedes traducir).
- **Vous pouvez choisir** *(vu puve shuazir)* (usted puede escoger / vosotros podéis escoger).
- **Pouvez-vous signer ici?** *(puve vu siñe isi)* (¿puede firmar aquí?)
- **Je veux changer de l'argent** *(ĵë vë shõĵe dë larĵõ)* (quiero cambiar dinero).
- **Il doit attendre un peu** *(il dua atõdr ũ pë)* (él debe esperar un poco).

En la sección "Los tiempos del verbo: pasado presente y futuro" encontrarás las claves de las conjugaciones de estos verbos.

Los tiempos del verbo: pasado, presente y futuro

El uso de los tiempos verbales en francés es muy similar al del español. Se utilizan el pasado, el presente y el futuro según las circunstancias. Sin embargo, hay algunas diferencias.

En francés existen diversas maneras de referirse a un hecho en el pasado. La más común de ellas es el llamado **passé composé** *(pase kÕpoze)*. La palabra **composé** indica que se trata de una mezcla de dos elementos: un verbo en participio que va acompañado por un auxiliar (ya sea **avoir** o **être**).

Ejemplos:

J'ai chanté *(jè shõte)* (canté / he cantado).

Il est parti *(il e parti)* (él se fue / él se ha ido).

Si la acción va a ocurrir en el futuro, en francés se utiliza una forma similar a la del español, con el verbo **aller** *(ale)* (ir).

Ejemplo:

Demain Sylvie va voyager *(dëmã silvi va vuaiaĵe)* (mañana Sylvie va a viajar).

Para darte una idea de cómo funcionan las conjugaciones en estos tres tiempos que acabamos de mencionar, presentamos a continuación un ejemplo con el verbo **parler** *(parle)* (hablar) en las personas **je**, **vous** y **elle**:

Présent *(prezõ)*

Je parle *(ĵë parl)*

Vous parlez *(vu parle)*

Elle parle *(el parl)*

Passé composé *(pase cõpoze)*

J'ai parlé *(ĵè parle)*

Vous avez parlé *(vu zave parle)*

Elle a parlé *(el a parle)*

Futur *(fütür)*

Je vais parler *(ĵë ve parle)*

Vous allez parler *(vuzale parle)*

Il / elle va parler *(il / el va parle)*

Ahora puedes sentirte orgulloso de decir: **Bientôt je vais parler français** *(biãto jë vè parle frõse)* (dentro de poco tiempo voy a hablar francés).

El uso del tiempo pasado con el auxiliar *avoir*

En francés, el tiempo pasado se forma usando un verbo auxiliar, que bien puede ser **avoir** *(avuar)* ("haber", en tanto que auxiliar, aunque también significa "tener") o **être** *(ètr)* (ser o estar), y un participio pasado. Casi todos los verbos requieren el auxiliar **avoir**, y sólo algunos se conjugan con **être**.

Antes de seguir, recordemos la conjugación de **avoir**:

TABLA 2-2 Conjugación del verbo *avoir*

Conjugación	Pronunciación
J'ai	*ĵè*
Tu as	*tü a*
Il /elle a	*il / el a*
Nous avons	*nu zavÕ*
Vous avez	*vu zave*
Ils /elles ont	*il / el zÕ*

Para formar los participios, se deja sola la raíz del verbo y se añade alguna de las siguientes terminaciones:

» Participio pasado para los verbos terminados en **–er**: se agrega una **e**

- **téléphoner** *(telefone)* (llamar por teléfono)
- **J'ai téléphoné à Monique** *(jè telefone a monik)* (yo llamé / he llamado a Monique).
- **regarder** *(rëgarde)* (ver)
- **Nous avons regardé un film** *(nu zavÕ rëgarde ũ film)* (nosotros vimos / hemos visto una película).

» Participio pasado para los verbos terminados en **–ir**: se agrega una **i**

- **choisir** *(shuazir)* (escoger)
- **Il a choisi une banane** *(il a shuazi ün banan)* (él escogió / ha escogido un plátano).
- **finir** *(finir)* (terminar)
- **Elles ont fini leur conversation** *(elzÕ fini lër kÕversasiÕ)* (ellas terminaron / han terminado su conversación).

» Participio pasado para los verbos terminados en **–re**: se agrega una **u**

- **attendre** *(atõdr)* (esperar)
- **Tu as attendu le bus** *(tü a atõdü lë büs)* (tú esperaste / has esperado el bus).
- **répondre** *(repÕdr)* (responder)
- **Vous avez répondu à la question** *(vu zave repÕdü a la kestiÕ)* (ustedes respondieron / han respondido a la pregunta).

El francés también tiene varios participios pasados irregulares, es decir, que no se forman siguiendo las indicaciones que acabamos de dar, sino que tienen características particulares. Por lo tanto, es necesario aprendérselos de memoria.

TABLA 2-3 **Participios irregulares de uso frecuente**

Infinitivo	Participio	Traducción
être *(ètr)* (ser o estar)	**été** *(ete)*	sido
avoir *(avuar)* (haber	**eu** *(ü)*	habido / tenido o tener)
faire *(fèr)* (hacer)	**fait** *(fè)*	hecho
pouvoir *(puvuar)*	**pu** *(pü)*	podido (poder)
vouloir *(vuluar)*	**voulu** *(vulü)*	querido (querer)

En la siguiente lista encontrarás algunos ejemplos de cómo usar el participio pasado de verbos irregulares en frases de la vida cotidiana:

» **Hier, nous avons été en retard** *(ier nu zavÕ ete õ rëtar)* (ayer llegamos tarde).

» **Il a eu peur** *(il a ü për)* (él tuvo miedo).

» **Qu'est-ce que tu as fait** *(keskë tü a fè)* (¿qué hiciste?)

» **Vous avez pu téléphoner à votre bureau** *(vu zave pü telefone a votr büro)* (pudisteis llamar a vuestro despacho).

» **J'ai voulu un sandwich** *(jè vulü ũ sõduitsh)* (yo quise un sándwich).

El uso del tiempo pasado con el auxiliar *être*

Hay dieciséis verbos irregulares que se conjugan en pasado con el verbo auxiliar **être** y no con **avoir**. La mayoría son verbos de movimiento. En la tabla 2-4 encontrarás la conjugación de este verbo auxiliar.

TABLA 2-4 Conjugación del verbo *être*

Conjugación	Pronunciación
Je suis	*jë sui*
Tu es	*tü e*
Il / elle est	*il e*
Nous sommes	*nu søm*
Vous êtes	*vu zet*
Ils / elles sont	*il sÕ*

La principal diferencia que hay entre los dieciséis verbos que se conjugan con **être** y los que se conjugan con **avoir** es que el participio de estos dieciséis verbos debe concordar en género y en número con la persona que realiza la acción. Por suerte, la pronunciación no cambia.

Veamos algunos ejemplos de lo que acabamos de explicar, con frases de uso común. Veamos la mezcla de **être** con **aller**:

- Janine, que es mujer, fue hace un rato a la oficina de correos. Así, ella dirá:

  Je suis allée à la poste *(jë süi zale a la post)* (he ido a correos).

  Sin embargo, si la persona que ejecuta la acción es un hombre, como Jean, deberá decir algo que suena igual pero se escribe diferente:

  Je suis allé à la poste *(jë süi zale a la post)* (he ido a correos).

- En el siguiente ejemplo, una madre le dice a su hijo, "has ido a correos":

  Tu es allé à la poste *(tü ezale a la post).*

- Pero si se lo dice a su hija, será:

  Tu es allée à la poste *(tü ezale a la post).*

Es decir, si la persona que ejecuta la acción es mujer, el participio es ligeramente diferente. Veamos otras frases:

- **Elle est allée à la poste** *(el e tale a la post)* (ha ido a correos).
- **Nous sommes allés à la poste** *(nu søm zale a la post)* (hemos ido a correos).
- **Vous êtes allées à la poste** *(vu zèt zale a la post)* (habéis ido a correos).
- **Ils sont allés à la poste** *(il sÕ tale a la post)* (han ido a correos).

Las reglas de concordancia en género y número de los participios pasados con el sujeto se pueden resumir así:

- Si el sujeto es masculino y singular, el participio no cambia. Termina en **é**, **i**, **u**, según el verbo. La escritura del participio cambia solamente en los siguientes casos:
- Si el sujeto es femenino, al participio se le añade una **e**.
- Si el sujeto es masculino plural, al participio se le añade una **s**.
- Si el sujeto es femenino plural, al participio se le añade **es**.

En la tabla 2-5 se encuentran los 16 verbos (con sus participios) cuyo auxiliar es el verbo **être**.

TABLA 2-5 **Verbos cuyo auxiliar en el *passé composé* es el verbo *être***

Participio	Pronunciación	Infinitivo	Traducción
Verbos de movimiento hacia la persona que habla			
arrivé	*arive*	arriver	llegar
entré	*õtre*	entrer	entrar
venu	*vënü*	venir	venir

(continúa)

TABLA 2-5 **Verbos cuyo auxiliar en el *passé composé* es el verbo *être* (continuación)**

Participio	Pronunciación	Infinitivo	Traducción
Verbos de movimiento hacia arriba y hacia abajo			
descendu	*desõdü*	descendre	bajar
monté	*monte*	monter	subir
resté	*reste*	rester	quedarse
tombé	*tombe*	tomber	caerse
Verbos de movimiento a partir de la persona que habla			
allé	*ale*	aller	ir
passé	*pase*	passer	pasar
sorti	*sorti*	sortir	salir
rentré	*rõntre*	rentrer	regresar
Verbos de movimiento vital			
né	*ne*	naître	nacer
mort	*mor*	mourir	morir
décede	*desede*	décéder	fallecer
devenu	*dëvënü*	devenir	volverse

El tiempo futuro con el auxiliar *aller*

Al igual que en español, el verbo **aller** (ir) se puede utilizar para expresar una acción futura, cuando va seguido de otro verbo en infinitivo. **Aller** es un verbo irregular, y es necesario hacer un pequeño esfuerzo para memorizar su conjugación, que encontrarás en la tabla 2-6.

TABLA 2-6 **Conjugación del verbo *aller***

Conjugación	Pronunciación
Je vais	*jë vè*
Tu vas	*tü va*
Il / elle va	*il / el va*
Nous allons	*nuz alÕ*
Vous allez	*vuz ale*
Ils / elles vont	*il / el vÕ*

El tiempo futuro es relativamente sencillo, ya que no implica aprenderse ningún participio. Veamos algunos ejemplos:

» **Je vais nager** *(jë vè naĵe)* (voy a nadar).

» **Nous allons jouer au foot** *(nuz alÕ ĵue o fut)* (vamos a jugar al fútbol).

Conjugaciones verbales

En esta sección encontrarás la manera de conjugar los tres tiempos de varios verbos de uso común. No olvides que todos los verbos regulares se conjugan de la misma manera, y es por eso que puedes volver a esta sección cuando quieras saber cómo conjugar un verbo regular que te resulte nuevo.

La tabla 2-7 muestra la conjugación de **parler** (hablar), un verbo regular terminado en –er. El participio pasado de parler es **parlé** (hablado):

TABLA 2-7 **Conjugación de verbos regulares –er: *parler* (hablar)**

	Presente	Pasado	Futuro
je / j' (yo)	parle	ai parlé	vais parler
tu (tú)	parles	as parlé	vas parler
il /elle (él / ella)	parle	a parlé	va parler

(continúa)

TABLA 2-7 **Conjugación de verbos regulares –er: *parler* (hablar) *(continuación)***

	Presente	Pasado	Futuro
nous (nosotros)	parlons	avons parlé	allons parler
vous (vosotros)	parlez	avez parlé	allez parler
ils / elles	parlent	ont parlé	vont parler (ellos / ellas)

En la tabla 2-8 encontrarás la conjugación del verbo **finir** (terminar), un verbo regular terminado en –ir. El participio pasado de finir es **fini** (terminado).

TABLA 2-8 **Conjugación de verbos regulares –ir: *finir* (terminar)**

	Presente	Pasado	Futuro
je / j' (yo)	finis	ai fini	vais finir
tu (tú)	finis	as fini	vas finir
il /elle (él / ella)	finit	a fini	va finir
nous (nosotros)	finissons	avons fini	allons finir
vous (vosotros)	finissez	avez fini	allez finir
ils /elles	finissent	ont fini	vont finir (ellos / ellas)

La tabla 2-9 presenta la conjugación del verbo **vendre** (vender), un verbo regular terminado en –re. El participio pasado de vendre es **vendu** (vendido).

TABLA 2-9 **Conjugación de verbos regulares –re: *vendre* (vender)**

	Presente	Pasado	Futuro
je / j' (yo)	vends	ai vendu	vais vendre
tu (tú)	vends	as vendu	vas vendre
il /elle (él / ella)	vend	a vendu	va vendre
nous (nosotros)	vendons	avons vendu	allons vendre
vous (vosotros)	vendez	avez vendu	allez vendre
ils / elles	vendent	ont vendu	vont vendre (ellos / ellas)

La tabla 2-10 muestra la conjugación del verbo irregular **avoir** (tener). El participio pasado de avoir es **eu** (tenido).

TABLA 2-10 **Conjugación del verbo irregular *avoir* (tener)**

	Presente	Pasado	Futuro
je / j' (yo)	ai	ai eu	vais avoir
tu (tú)	as	as eu	vas avoir
il / elle (él / ella)	a	a eu	va avoir
nous (nosotros)	avons	avons eu	allons avoir
vous (vosotros)	avez	avez eu	allez avoir
ils / elles	ont	ont eu	vont avoir (ellos / ellas)

En la tabla 2-11 encontrarás la conjugación del verbo irregular **être** (ser / estar). El participio pasado de **être** es **été** (sido / estado).

TABLA 2-11 **Conjugación del verbo irregular *être* (ser / estar)**

	Presente	Pasado	Futuro
je / j' (yo)	suis	ai été	vais être
tu (tú)	es	as été	vas être
il /elle (él / ella)	est	a été	va être
nous (nosotros)	sommes	avons été	allons être
vous (vosotros)	êtes	avez été	allez être
ils / elles	sont	ont été	vont être (ellos / ellas)

Un vistazo a los pronombres

Los pronombres son unas palabras tremendamente útiles que te permiten evitar la excesiva repetición del sujeto. Esta sección te muestra algunos de los múltiples usos de los pronombres.

Pronombres personales

Los pronombres personales son yo, tú, él / ella, nosotros, vosotros, ellos / ellas; y sirven para reemplazar el sujeto de una oración. La tabla 2-12 presenta los pronombres del francés:

TABLA 2-12 Pronombres personales

Pronombre	Pronunciación
Je / j' (yo)	*jë / j*
Tu (tú)	*tü*
Il / elle (él / ella)	*il / el*
Nous (nosotros)	*nuz*
Vous (vosotros)	*vuz*
Ils / elles (ellos / ellas)	*il / el*

A continuación, un ejemplo de su uso:

Janine et Marie parlent	**Elles parlent**
(janine e mari parl)	*(el parl)*
Janine y Marie conversan	Ellas conversan

Los pronombres de objeto directo

En una conversación, no suelen repetirse las palabras que se han dicho en las frases inmediatamente anteriores. Nadie diría, por ejemplo: "Quiero una habitación. ¿Puedo ver la habitación? Vamos a ver la habitación".

Lo que suele decirse es: "Quiero una habitación. ¿Puedo verla? Vamos a verla". Esto suena mucho menos pesado, ¿no es cierto?

En francés, se elimina el sustantivo (objeto directo) y se reemplaza por **le**, **la**, **l'** o **les**, dependiendo del género y el número. Al igual que en español, estos pronombres objeto se ponen *antes* del verbo, tal como se ilustra con los siguientes ejemplos:

Il voit l'hôtel	**Il le voit**
(il vua lotel)	*(il lë vua)*
Él ve el hotel	Él lo ve
Nous suivons la réceptionniste	**Nous la suivons**
(nu süivÕ la resepsionist)	(nu la süivÕ)
Seguimos a la recepcionista	La seguimos
Elle vérifie les dates	**Elle les vérifie**
(el verifi le dat)	(el le verifi)
Ella está comprobando Las fechas	Ella las está comprobando

Los demás pronombres objeto son muy fáciles. Veamos:

» **Elle <u>me</u> regarde** *(el më rëgard)* (ella me mira).

» **Je <u>te</u> vois** *(jë të vua)* (yo te veo).

» **Il <u>nous</u> suit** *(il nu süi)* (él nos sigue).

» **La réceptionniste <u>vous</u> écoute** *(la resepsionist vuzekut)* (la recepcionista os escucha).

RECUERDA

Como siempre, toda regla tiene su excepción. Cuando la frase contiene un verbo como "querer" más un infinitivo, el pronombre objeto se pone antes del infinitivo.

Il veut voir la chambre	**Il veut la voir**
(il vë vuar la shõbr)	*(il vë la vuar)*
Él quiere ver la habitación	Él quiere verla

Objetos después de preposiciones

Después de preposiciones tales como "para", "con", "sin", etc., los pronombres personales pasan a ser pronombres objetos: **moi**, **toi**, **lui / elle**, **nous**, **vous** o **eux / elles**. A continuación presentamos cada uno de los pronombres objetos, seguidos de alguna preposición:

- **pour moi** *(pur mua)* (para mí)
- **sans toi** *(sõ tua)* (sin ti)
- **avec lui/elle** *(avek lüi/elle)* (con él / ella)
- **pour nous** *(pur nu)* (para nosotros)
- **sans vous** *(sõ vu)* (sin vosotros / sin usted)
- **avec eux/elles** *(avek ë/el)* (con ellos / ellas)

Pronombres de objeto indirecto

En la frase **Ça convient à Mme Paulet?** *(sa kÕviã a madam pole)* (eso conviene a la señora Paulet), **à Mme Paulet** es objeto indirecto de la oración, que puedes reemplazar con un pronombre de objeto indirecto: **Ça lui convient** *(sa lüi kÕviã)* (eso le conviene). Con el mismo modelo, y reemplazando el pronombre, se pueden decir frases como:

- **Ça <u>me</u> convient** *(sa më kÕviã)* (me conviene).

- **Ça <u>te</u> convient?** *(sa të kÕviã)* (te conviene).
- **Ça <u>lui</u> convient** *(sa lüi kÕviã)* (le conviene).
- **Ça <u>nous</u> convient** *(sa nu kÕviã)* (nos conviene).
- **Ça <u>vous</u> convient** *(sa vu kÕviã)* (os conviene).
- **Ça <u>leur</u> convient** *(sa lër kÕviã)* (les conviene).

A propósito, ya que estamos con este tema, **lui** y **leur** son los pronombres de objeto indirecto. Son diferentes de los pronombres de objeto directo: **le**, **la**, **les**. En las demás personas, los dos tipos de pronombres son iguales.

Unas cuantas palabritas: género, artículos y adjetivos posesivos

Las palabras breves y las terminaciones de palabras largas pueden parecer superfluas cuando estás empezando a aprender un idioma, pero si las incorporas al aprender vocabulario, a la larga te pueden facilitar mucho las cosas. Esta sección se ocupa de las terminaciones de género, los artículos y los adjetivos.

El asunto del género

Es importante recordar el género de los sustantivos cuando vamos a formar frases. Las personas que hablamos español tenemos la ventaja de que muchos sustantivos tienen el mismo género en ambos idiomas, pero hay que prestar atención, pues algunos son diferentes.

Salvo contadas excepciones, la terminación de un sustantivo puede servir de guía para saber cuál es su género. En la siguiente lista se muestran algunas de las terminaciones más comunes de los sustantivos masculinos:

- **–age** *(aĵ)*

  le fromage *(lë fromaĵ)* (el queso)

  le nuage *(lë nüaĵ)* (la nube)

  l'étage *(letaĵ)* (el piso / la planta)

- **–eur** *(ër)*

  l'auteur *(lotër)* (el autor)

  le bonheur *(lë bonër)* (la felicidad)

- **–isme** *(ism)*

  le capitalisme *(lë kapitalism)* (el capitalismo)

  le féminisme *(le feminism)* (el feminismo)

- **–ment** *(mõ)*

  l'appartement *(lapartmõ)* (el apartamento)

- vocales diferentes de **–e**

  le cinéma *(lë sinema)* (el cine)

  le piano *(lë piano)* (el piano)

  le café *(lë kafe)* (el café)

  le bureau *(lë büro)* (la oficina / el escritorio)

Las siguientes son las terminaciones femeninas más comunes:

- **–ade** *(ad)*

  la promenade *(la promnad)* (el paseo)

  la limonade *(la limonad)* (la limonada)

- **–ance/-ence** *(õs)*

  la naissance *(la nesõs)* (el nacimiento)

  l'indépendance *(lãdepõdõs)* (la independencia)

la différence *(la diferõs)* (la diferencia)

la patience *(la pasiõs)* (la paciencia)

la science *(la siõs)* (la ciencia)

» **-oire** *(uar)*

la mémoire *(la memuar)* (la memoria)

la victoire *(la viktuar)* (la victoria)

la passoire *(la pasuar)* (el colador)

» **-sion/tion** (si*Õ)*

l'impression *(l'ãpresiÕ)* (la impresión)

la condition *(la kÕdisiÕ)* (la condición)

la décision *(la desiziÕ)* (la decisión)

» **-son** *(zÕ)*

la saison *(la sezÕ)* (la estación)

la maison *(la mezÕ)* (la casa)

la raison *(la rezÕ)* (la razón)

» **-é/ée** *(e)*

la liberté *(la liberte)* (la libertad)

l'égalité *(legalite)* (la igualdad)

la fraternité *(la fraternite)* (la fraternidad)

l'idée *(lide)* (la idea)

la pensée *(la põse)* (el pensamiento)

Gracias a esta pequeña guía no tendrás que aprender de memoria el género de cada sustantivo, pues basta que te fijes en las terminaciones. Así, sabrás qué pronombre atribuirle:

» **Il** (masculino)

» **Elle** (femenino)

Un artículo sobre los artículos

En francés, los sustantivos casi siempre van precedidos por los llamados artículos, lo mismo que en español. Estos nos indican si el sustantivo es masculino, femenino, singular o plural. Los artículos definidos son **le** (*lë*) (el), **la** (*la*) (la) y **les** (*le*) (los/las), y se llaman así porque hacen referencia a una persona o a un objeto al que ya hemos mencionado. Hay que recordar que cuando el artículo va delante de un sustantivo que comienza con vocal, se pone un apóstrofo, ya sea un sustantivo masculino o femenino: **l'avion** (m), **l'amie** (f). **Le** se usa para sustantivos masculinos; **la** para sustantivos femeninos; y **les** es la forma plural para ambos géneros.

Los artículos **un** (*ũ*) (un), **une** (*ün*) (una) y **des** (*de*) (unos / unas) hacen referencia a objetos indefinidos, y por eso se llaman artículos indefinidos. A continuación vemos algunos ejemplos de usos de los artículos indefinidos y definidos:

- **Paris est une grande ville. La ville est belle** *(pari etün grõd vil la vil e bel)* (París es una gran ciudad. La ciudad es bella).
- **Je voudrais un café. Le café est bon** *(jë vudre ũ kafe le kafe e bÕ)* (yo quisiera un café. El café es bueno).

Los adjetivos posesivos

En francés, los adjetivos posesivos concuerdan tanto en género como en número con el sustantivo.

Sustantivo masculino singular:

- **mon, ton, son chèque** *(mÕ, tÕ, sÕ shèk)* (mi, tu, su cheque)
- **notre, votre, leur chèque** *(notr, votr, lër shèk)* (nuestro, vuestro, su cheque)

Sustantivo femenino singular:

- **ma, ta, sa carte** *(ma, ta, sa kart)* (mi, tu, su tarjeta)
- **notre, votre, leur carte** *(notr, votr, lër kart)* (nuestra, vuestra, su tarjeta)

Sustantivos femenino y masculino plurales:

- **mes, tes, ses euros** *(me, te, se ëro)* (mis, tus, sus euros)
- **nos, vos, leurs euros** *(no, vo, lër ëro)* (nuestros, vuestros, sus euros)

Tu o *vous*: una cuestión de respeto

El pronombre que escojamos para dirigirnos a una persona depende de cuánto la conocemos y de cuánta distancia hay entre las dos. Si nos acaban de presentar a alguien (a menos que se trate de un niño) lo corriente es dirigirse a esta persona usando el pronombre **vous** (que equivale al "usted" del español).

Las frases que uses para dirigirte a esta persona contendrán verbos conjugados con la terminación **–ez**. Asimismo, cuando te dirijas a más de dos personas, utiliza el pronombre **vous** (que también significa "vosotros" o "ustedes").

La utilización del pronombre **tu** indica un mayor nivel de familiaridad con la persona a quien nos estamos dirigiendo. Para evitar cometer errores de etiqueta, inicia la conversación tratando a la persona de manera formal.

En menos tiempo del que imaginas te habrás familiarizado con el francés y las costumbres francesas.

Así, logarás distinguir en qué ocasiones conviene tutear a alguien y cuándo conviene tratarlo de manera respetuosa o distante.

RECUERDA

No lo olvides: en Francia, quedarás como un bicho raro o, en el peor de los casos, pasarás por un maleducado, si tuteas a una persona desconocida o a alguien que te acaban de presentar. Sin embargo, si vas a Quebec, verás que el uso del **tu** es muy generalizado en la mayoría de situaciones.

EN ESTE CAPÍTULO

Aprender a usar los números cardinales y ordinales

Cómo decir la hora

Los días de la semana, los meses del año y las estaciones

Hablar de dinero y gastos

Capítulo 3

Sopa de números: para contar todo tipo de cosas

Los números hacen girar al mundo, ¿o es el dinero? Quizá son ambos, y por eso este capítulo te enseña las frases relacionadas con números y con dinero para poderte desenvolver en la vida cotidiana. También te muestra cómo decir la hora y la fecha.

1, 2, 3: los números cardinales

Los números que más necesitarás para cualquier asunto de la vida cotidiana van del cero al cien. Conocer estos números te permitirá expresar, por ejemplo, cuánto dinero tienes en la cartera, cuántas ovejas deberás contar antes de quedarte dormido, cuántas horas tienes que esperar para que salga el avión, y para decir la hora. En la tabla 3-1 puedes aprender los números.

ADVERTENCIA

Ten cuidado con los números a partir del 70, pues siguen un patrón un poco diferente.

TABLA 3-1 Números cardinales

Francés	Pronunciación	Número
un	*ũ*	1
deux	*dë*	2
trois	*trua*	3
quatre	*katr*	4
cinq	*sãk*	5
six	*sis*	6
sept	*set*	7
huit	*üit*	8
neuf	*nëf*	9
dix	*dis*	10
onze	*Õz*	11
douze	*duz*	12
treize	*trèz*	13
quatorze	*katorz*	14
quinze	*kãz*	15
seize	*sèz*	16
dix-sept	*diset*	17

(continúa)

TABLA 3-1 **Números cardinales** ***(continuación)***

Francés	Pronunciación	Número
dix-huit	*dizüit*	18
dix-neuf	*disneuf*	19
vingt	*vã*	20
vingt-et-un	*vãteũ*	21
vingt-deux	*vãtdë*	22
vingt-trois	*vãtrua*	23
vingt-quatre	*vãtkatr*	24
vingt-cinq	*vãtsãk*	25
vingt-six	*vãtsis*	26
vingt-sept	*vãtset*	27
vingt-huit	*vãtüit*	28
vingt-neuf	*vãtnëf*	29
trente	*trõt*	30
quarante	*karõt*	40
cinquante	*sãkõt*	50
soixante	*suasõt*	60
soixante-dix	*suasõtdis*	70
soixante-onze	*suasõtÕz*	71
soixante-douze	*suasõtduz*	72
quatre-vingt	*katre vã*	80
quatre-vingt-un	*katre vã ũ*	81
quatre-vingt-deux	*katre vã dë*	82
quatre-vingt-dix	*katre vã dis*	90
quatre-vingt-onze	*katre vã Õz*	91
quatre-vingt-douze	*katre vã duz*	92
cent	*sõ*	100
cent un	*sõ ũ*	101
cent deux	*sõ dë*	102

RECUERDA

Si viajas a Suiza o a Bélgica, verás que allí se usan las formas antiguas (y más fáciles de aprender para los hispanohablantes) de algunos números: **septante** *(septõt)* (70) y **nonante** *(nonõt)* (90), en lugar de las extrañas formas francesas de **soixante-dix** *(suasõtdis)* (setenta) y **quatre-vingt-dix** *(katre vã dis)* (noventa). Incluso en algunas zonas remotas de Suiza escucharás decir **huitante** *(üitõt)* u **octante** *(oktõt)* (80).

Los números ordinales

Si vas a seguir las indicaciones que te dan en la calle, necesitarás conocer los números ordinales para poder saber en qué calle doblar: en la primera, en la segunda, en la tercera o en el semáforo. Unas sencillas reglas generales te ayudarán a poner orden en el aprendizaje de los números ordinales.

» Salvo por **premier** *(prëmie)* (primero), todos los ordinales llevan el sufijo **-ième** después del número cardinal.

» Si el número cardinal termina en **-e,** la **-e** se elimina: por ejemplo, **quatre** *(katr)* (cuatro) pasa a ser **quatrième** *(katrièm)* (cuarto).

Un *(ũ)* (uno), **cinq** *(sãk)* (cinco) y **neuf** *(nëf)* (nueve) tienen formas especiales, tal como se ve en la tabla 3-2.

TABLA 3-2 Números ordinales

Palabra (numeral)	Pronunciación
premier (1°)	*prëmie*
deuxième (2°)	*dëzièm*
troisième (3°)	*truazièm*
quatrième (4°)	*katrièm*

(continúa)

TABLA 3-2 **Números ordinales** ***(continuación)***

Palabra (numeral)	Pronunciación
cinquième (5º)	*sãkièm*
sixième (6º)	*sizièm*
septième (7º)	*setièm*
huitième (8º)	*üitièm*
neuvième (9º)	*nëvièm*
dixième (10º)	*dizièm*
onzième (11º)	*õzièm*
douzième (12º)	*duzièm*
treizième (13º)	*trèzièm*
quatorzième (14º)	*katorzièm*
quinzième (15º)	*kãzièm*
seizième (16º)	*sèzièm*
dix-septième (17º)	*disetièm*
dix-huitième (18º)	*dizüitièm*
dix-neuvième (19º)	*disnëvièm*
vingtième (20º)	*vãtièm*
ving et unième (21º)	*vãteünièm*
trentième (30º)	*trõtièm*
quatre-vingtième (80º)	*katrvãtièm*
quatre vingt-deuxième (82º)	*katrvãdëzièm*
centième (100º)	*sõtièm*
deux centième (200º)	*dësõtièm*

A continuación encontrarás algunas frases que muestran el uso de estos números:

» **L'appartement est au troisième** *(lapartëmõ eto truazièm)* (el apartamento queda en el tercero).

Dos detalles con respecto a los ordinales y los pisos: para decir que vivimos en un piso determinado de un edificio, usamos los ordinales, lo mismo que en español. No es obligatorio usar la palabra **étage** *(etaĵ)* (planta o piso) en la frase. La planta baja se llama **rez-de-chaussée** *(red shose)* (planta baja [a nivel de la calle]) y **le premier** *(lë prëmie)* es el primer piso o entresuelo (en edificios que cuentan con entresuelo).

- **Dans quel arrondissement est le restaurant?** *(dõ kel arÕdismõ e lë restorõ)* (¿en qué barrio queda el restaurante?)
- **Il est dans le deuxième** *(il e dõ lë dëzièm)* (está en el segundo).
- **Prenez la troisième rue à droite, et c'est tout droit** *(prëne la truazièm rü a druat e se tu drua)* (coja la tercera calle a la derecha. Tiene que seguir todo recto).

Las horas y la puntualidad

No querrás perder el avión o llegar tarde a un concierto porque no sabes preguntar la hora. Esta sección te enseña a hacerlo.

Dar la hora en francés

En Europa, así como en la parte francesa de Canadá, suele darse la hora con el formato de 24 horas, también conocido como hora militar, así que no es necesario distinguir entre a.m. y p.m. Para dar la hora sencillamente tienes que añadir los minutos a la hora, sin necesidad de utilizar los dos puntos (:) o un punto (.) para separar las horas de los minutos. A continuación presentamos algunos ejemplos:

- **Il est 11h (onze heures)** *(il e Õz ër)* (son las once de la mañana).
- **Il est 11h30 (onze heures trente)** *(il e Õz ër trõt)* (son las once y media de la mañana).
- **Il est 16h (seize heures)** *(il e sèz ör)* (son las cuatro de la tarde).
- **Il est 16h10 (seize heures dix)** *(il e sèz ör dis)* (son las cuatro y diez de la tarde).

Cuando faltan algunos minutos para la hora, en francés se usa la palabra **moins** *(muã)* (menos).

» **Il est huit heures moins dix** *(il e üit ër muã dis)* (son las ocho menos diez / faltan diez minutos para las ocho).

» **Il est dix heures moins vingt cinq** *(il e dizër muã vãtsãk)* (son las diez menos veinticinco).

También el uso de las fracciones de cuarto de hora y medias horas es similar entre el francés y el español. Así, se dice **et quart** *(e kar)* (y cuarto), **et demie** *(edmi)* (y media) y **moins le quart** *(muã lë kar)* (menos cuarto). Veamos algunos ejemplos:

» **Il est 9h15 (neuf heures et quart)** *(il e nëf ër e kar)* (son las nueve y cuarto).

» **Il est une heure moins le quart** *(il e ün ër muã lë kar)* (es la una menos cuarto).

Siempre a tiempo

Las siguientes frases pueden serte de utilidad cuando estés planificando tu viaje, conociendo gente, fijando citas, etc.

Palabras para recordar

Se escribe	Se pronuncia	Significa
quel heure est-il?	kel ër etil	¿qué hora es?
il y a 10 (dix) minutes	il i a di minüt	hace diez minutos
dans 20 (vingt) minutes	dõ vã minüt	dentro de veinte minutos
et quart	e kar	y cuarto
et demi(e)	edmi	y media
moins vingt	muã vã	menos veinte
moins le quart	muã lë kar	menos cuarto

- **demain matin** *(dëmã matã)* (mañana por la mañana)
- **tôt le matin** *(to lë matã)* (temprano por la mañana)
- **demain après-midi** *(dëmã aprè midi)* (mañana por la tarde)
- **il est (trop) tôt** *(il e tro to)* (es [muy] temprano)
- **il est (trop) tard** *(il e tro tar)* (es [muy] tarde)
- **à quelle heure?** *(a kel ër)* (¿a qué hora?)
- **un moment/un instant** *(ũ momõ / ũnãstõ)* (un momento)
- **Nous sommes en retard** *(nu somzõ rëtar)* (llevamos retraso)
- **Oh, non. Allons-y! Dépêchons-nous!** *(o nÕ alÕzi depeshÕ nu)* (oh, no. ¡Vamos! ¡De prisa!)

GRAMÁTICA

La palabra **tout (toute, tous, toutes)** se usa en diversas combinaciones, y por esa razón cambia su significado. En el diálogo anterior significa "cada", pues va unida a una expresión de tiempo en plural. Debe concordar en género y en número con el sustantivo al cual está unida. Veamos:

- **tous les quarts d'heure** *(tu le kar dër)* (cada cuarto de hora)
- **tous les deux jours** (*tu le dë ĵur*) (cada dos días)
- **toutes les vingt minutes** (*tut le vã minut*) (cada veinte minutos)

Sin embargo, cuando va unida a una expresión de tiempo en singular, significa "todo (a, os, as)". Veamos:

- **toute la matinée** *(tut la matine)* (toda la mañana)
- **toute la journée** *(tut la ĵurne)* (todo el día)
- **tout le temps** *(tu lë tõ)* (todo el tiempo)

Días, meses y estaciones

Estamos de acuerdo en que los días y los meses no son números en realidad, pero sí son una manera de medir el tiempo. La siguiente sección te da la información que puedas necesitar al respecto.

¿Qué día es hoy?

La tabla 3-3 te muestra los días de la semana.

TABLA 3-3 Los días de la semana

Francés	Pronunciación	Día
lundi	*lũdi*	lunes
mardi	*mardi*	martes
mercredi	*merkrëdi*	miércoles
jeudi	*ĵëdi*	jueves
vendredi	*võdredi*	viernes
samedi	*samdi*	sábado
dimanche	*dimõsh*	domingo

Si quieres expresarte de manera menos específica, puedes usar frases como las siguientes.

- **après demain** *(aprè dëmã)* (pasado mañana)
- **samedi prochain** *(samdi proshã)* (el próximo sábado)
- **la semaine prochaine** *(la sëmèn proshèn)* (la próxima semana)

Mes a mes

Puede ser que te resulte útil saber los meses del año en francés. Los encontrarás en la tabla 3-4.

TABLA 3-4 Los meses del año

Francés	Pronunciación	Mes
janvier	*jõvie*	enero
février	*fevrie*	febrero
mars	*mars*	marzo
avril	*avril*	abril
mai	*me*	mayo
juin	*jüã*	junio
juillet	*jüie*	julio
août	*ut*	agosto
septembre	*septõbr*	septiembre
octobre	*oktobr*	octubre
novembre	*novõbr*	noviembre
décembre	*desõbr*	diciembre

Fechas específicas

Si queremos expresar una fecha específica, usamos la siguiente construcción:

Le + número cardinal + mes + año

Veamos un ejemplo:

C'est le six avril 2008.
se lë sis avril dëmilüit
Es el 6 de abril de 2008.

Usa esta fórmula para decir todo tipo de fechas, salvo las del primer día del mes:

C'est le premier mai.
se lë prëmie me
Es el primero de mayo.

Fechas menos específicas

Cuando no conocemos el día pero sí el mes en que vamos a hacer algo, usamos la preposición **en** *(õn)* (en).

- **En janvier je pars pour la Martinique** *(õ ĵõvie ĵë par pur la martinik)* (en enero me voy a Martinica).
- **Je reviens en avril** *(ĵë rëviã õnavril)* (regreso en abril).

A continuación presentamos una secuencia con algunas preguntas y respuestas relacionadas con el tiempo

- **Quel jour est-ce aujourd'hui?** *(kel ĵur es oĵurdui)* (¿qué día es hoy?)
- **Aujourd'hui c'est lundi** *(Oĵurdui se lũdi)* (hoy es lunes).
- **Quelle est la date?** *(kel e la dat)* (¿qué fecha es?)
- **C'est le onze juillet** *(se lë Õz jüie)* (es once de julio).
- **Quand voulez-vous partir?** *(kõ vule vu partir)* (¿cuándo quiere salir?)
- **Le quinze mai** *(lë kãz me)* (el quince de mayo).
- **J'aime voyager au printemps** *(ĵèm vuaiae o prãtõ)* (me gusta viajar en primavera).
- **Moi aussi: en avril ou en mai** *(mua osi õnavril u õ me)* (a mí también: en abril o en mayo).
- **Mon ami arrive en septembre** *(mÕnami ariv õ septõbr)* (mi amigo llega en septiembre).
- **Il reste jusqu'à la fin du mois?** *(il rest ĵüska la fã dü mua)* (¿se queda hasta fin de mes?)

Las cuatro estaciones

Así es como los franceses llaman las **saisons** *(sezõ)* o estaciones:

- **au printemps** *(o prãtõ)* (en primavera)
- **en été** *(õ nete)* (en verano)
- **en automne** *(õ noton)* (en otoño)
- **en hiver** *(õ niver)* (en invierno)

RECUERDA

Con las estaciones, para expresar la idea de algo que sucede "en" alguna de ellas, se usa **au** antes de consonante y **en** antes de vocal.

Y a continuación, algunas frases con las estaciones:

- **Qu'est-ce que vous préférez en hiver? La plage ou le ski?** *(keskë vu prefere õniver la plaĵ u lë ski)* (¿qué preferís en invierno: la playa o el esquí?)
- **Et en été? La mer ou la montagne?** *(e õnete la mer u la mÕtañ)* (¿y en verano, el mar o la montaña?)
- **Au printemps? La campagne ou les grandes villes?** *(o prãtõ la kõpañ u le grõd vil)* (¿en primavera, el campo o las grandes ciudades?)
- **En automne? Les musées ou les monuments?** *(õnoton le muze u le monümõ)* (¿en otoño, los museos o los monumentos?)

Dinero

Antes de la unificación de la divisa europea, había una moneda por cada país. Francia, Bélgica, Luxemburgo y Suiza tenían francos con tipos de cambio diferentes en cada caso. Hoy en día, el único país que mantiene sus francos es Suiza.

Cuando viajes a Canadá, cuya provincia oficialmente francesa es Quebec, tendrás que usar dólares canadienses. El valor de estos es prácticamente el mismo que el de los dólares estadounidenses. El euro, por su parte, es una moneda un poco más fuerte.

En el banco

Uno de los primeros lugares que es necesario situar cuando viajamos es una oficina de cambio de divisas, un banco o una oficina de correos. Estos son sus nombres franceses:

- **La banque** *(la bõk)* (el banco)
- **Bureau de change** *(büro de shõĵ)* (oficina de cambio)
- **La poste** *(la post)* (la oficina de correos)

CULTURA GENERAL

También se pueden hacer estas transacciones en otros lugares, como la recepción de los hoteles y los aeropuertos; lo malo es que allí los tipos de cambio suelen ser menos favorables.

Cuando entras en un banco, es muy probable que te reciban con alguna de las siguientes preguntas:

- **Vous désirez?** *(vu dezire)* (¿Qué desea?)
- **Je peux vous aider?** *(ĵë pë vuzede)* (¿Puedo ayudarle?)

Incluso si no te preguntan nada, tendrás que acercarte a algún empleado y decirle lo que necesitas. Las dos tareas principales que un extranjero suele hacer en un banco francés son cambiar dinero y cobrar algún cheque.

Comienza la frase diciendo:

Je voudrais... *(ĵë vudrè)* (quisiera...)

y luego puede añadir la petición específica:

- **... changer des dollars en euros** *(shõĵe de dolar õnëro)* (cambiar dólares por euros)
- **... encaisser un chèque** *(õkese ũ shèk)* (cobrar un cheque)

Dado que los bancos cobran un precio adicional (una comisión fija que puede variar de un banco a otro), es bueno averiguar primero cuál es el tipo de cambio. Para ello, hay que preguntar:

Quel est votre taux de change? *(kel e votr to de shõĵ)* (¿cuál es su tipo de cambio?)

Palabras para recordar

Se escribe	Se pronuncia	Significa
changer	shõĵe	cambiar
ça fait	sa fè	son
une carte de crédit	ün kart dë kredi	una tarjeta de crédito
un chèque de voyage	ũ shèk dë vuaiaĵ	un cheque viajero
le guichet (de change)	lë gishe (dë shõĵ)	la ventanilla (de cambio)
une devise (étrangère)	ün dëviz	una divisa (extranjera)
un distributeur (de billets)	ũ distribütër (dë bie)	un cajero automático
en argent liquide	õnarĵõ likid	en efectivo
le reçu	lë rësü	el recibo
la signature	la siñatür	la firma

El uso de tarjetas de crédito y cajeros automáticos

Las tarjetas de crédito son ampliamente aceptadas en los países de habla francesa. Sin embargo, es posible que en pueblos pequeños no las admitan en algunos locales, o que sólo admitan precisamente la que tú no tienes. Además, los lugares donde se admiten tarjetas de crédito suelen ser más caros que los demás.

La popularidad de los cajeros automáticos es indiscutible: hoy en día se encuentran por todas partes del mundo, tanto en pueblos pequeños como en ciudades grandes. Es posible encontrarlos en lugares tan dispares como una estación de autobús o en un bar de copas. Se puede tener acceso a ellos día y noche, a menos, obviamente, que estén fuera de servicio. Nada es perfecto, ¿verdad?

Por lo general, los cajeros automáticos funcionan de la misma manera alrededor del mundo. En caso de que el cajero sólo funcione en francés, a continuación presentamos algunas frases que pueden ser tu salvación:

» **Insérez votre carte, SVP** *(ãsere votr kart sil vu plè)* (por favor, introduzca la tarjeta).

» **Tapez votre code, SVP** *(tape votr kød sil vu plè)* (por favor, teclee su clave secreta).

» **Retrait d'espèces** *(rëtre despès)* (reintegro de efectivo).

» **Voulez-vous un reçu?** *(vule vu ũ rësü)* (¿desea un recibo?)

» **Carte en cours de vérification** *(kart õ kur dë verifikasiÕ)* (verificando su tarjeta).

» **Patientez, SVP** *(pasiõte sil vu plè)* (por favor, espere).

- **Reprenez votre carte, SVP** *(rëprëne votr kart sil vu plè)* (por favor, tome su tarjeta).
- **Prenez votre argent** *(prëne votr arĵõ)* (tome su dinero).
- **N'oubliez pas votre reçu** *(nublie pa votr rësü)* (no olvide su recibo).
- **Au revoir** *(orvuar)* (hasta pronto).

EN ESTE CAPÍTULO

Cómo presentarse ante los demás

Hacer preguntas sencillas

Conversar

Capítulo 4

Hacer amigos y mantener una conversación informal

Cuando acabamos de conocer a alguien y hemos hecho las presentaciones de rigor, comenzamos a hablar de temas sencillos y de poca importancia. Por lo general, se trata de una charla sin mayor trascendencia, en la que se intercambian preguntas y respuestas de carácter más bien vago. Por supuesto que esta charla puede conducir a temas más serios, pero lo habitual es tocar temas como el clima, la familia o el trabajo. Es decir, es una manera maravillosa para conocerse con las demás personas en circunstancias tales como ir sentado en un avión, pues este tipo de charla nos permite decidir si queremos seguir conversando o si es preferible continuar leyendo el libro que tenemos en la mano.

CULTURA GENERAL

En francés, una expresión que se usa habitualmente para hacer referencia a la charla informal es **parler de tout et de rien** *(parle dë tu e dë riã)* (*literalmente*: hablar de todo y de nada).

¡Hola! Saludos y presentaciones

Las siguientes secciones presentan una buena cantidad de formas de saludar en francés que puedes usar en diferentes ocasiones para así conocer a la gente.

Saludar y despedirse

Cuando visitamos un país extranjero, es un acto de cortesía hacer un pequeño esfuerzo por hablar el idioma local, aunque sólo sean unas palabritas. No hay nada más sencillo que saludar en otra lengua. De hecho, en francés hay una expresión para indicar que algo es muy fácil: **C'est simple comme bonjour** *(se sãpl køm bÕ ĵur)* (es tan fácil como decir "buenos días"). ¡Practica estas frases para saludar y para despedirte y empezarás a sentirse como en Francia!

A continuación presentamos algunos ejemplos de frases para saludar y para despedirse.

» **Bonjour!** *(bÕ ĵur)*: Literalmente significa "buenos días", pero es una fórmula que se usa para saludar a cualquier hora del día, ya sea por la mañana o por la tarde, siempre y cuando todavía haya luz del sol.

  En Quebec, la gente también dice **bonjour** para despedirse, en un uso más parecido al "buenos días" del español.

» **Bonsoir!** *(bÕ suar)* (buenas noches)

  Esta frase se utiliza al final de la tarde o por la noche, ya sea para saludar o para despedirse.

» **Salut!** *(salü)* (hola / hasta luego)

Es una manera muy informal de saludar, y también sirve para despedirse. Se puede usar en cualquier momento del día, pero no con cualquier persona.

Y ahora verás unas cuantas despedidas:

» **Au revoir!** *(orvuar)* (¡hasta luego!)

Con esta frase podemos despedirnos a cualquier hora del día.

» **Bonne nuit!** *(bon nüi)* (buenas noches)

Esta frase solamente se utiliza cuando nos vamos a despedir antes de acostarnos a dormir, o cuando acostamos a un niño.

» **À bientôt!** *(a biãto)* (hasta pronto)

Usamos esta frase para despedirnos de alguien que vamos a volver a ver pronto, aunque no necesariamente el mismo día.

» **À tout à l'heure!** *(a tutalër)* (¡nos vemos dentro de un rato!)

Sirve para despedirnos de alguien que vamos a volver a ver el mismo día, dentro de un rato.

» **À demain!** *(adëmã)* (¡hasta mañana!)

» **Bonne journée!** *(bon ĵurne)* (¡feliz día!, que tenga un buen día)

Preguntar a otras personas cómo están

Casi siempre, después de saludar a alguien que nos acaban de presentar, es habitual preguntar "¿cómo está?". En francés existen diversas maneras de hacerlo, dependiendo del nivel de familiaridad que exista entre las personas.

La manera más formal de decirlo es:

Comment allez-vous? *(komõ tale vu)* (¿cómo está?)

La siguiente también es una manera bastante formal:

Vous allez bien? *(vu zale biã)* (¿está usted bien?)

Una manera informal de hacer la pregunta es:

Comment vas-tu? *(komõ va tü)* (¿cómo estás?)

Esta es la versión familiar de la primera frase, pues se usa el pronombre **tu** en vez de **vous**.

Otras maneras informales de hacer la pregunta son:

- **Comment ça va?** *(komõ sa va)* (¿qué tal?)
- **Ça va?** *(sa va)* (¿todo bien?)

Decir a otras personas cómo estamos

Como es lógico, la otra persona estará esperando que respondas a la pregunta que te acaba de hacer, pero sin aspirar a que le des mayores detalles sobre tu salud, tu situación laboral o tu vida privada. Basta con una frase corta, como alguna de las siguientes:

- **Ça va!** *(sa va)* (todo bien / estoy bien)
- **Ça va bien / très bien, merci!** *(sa va biã / trè biã mersi)* (¡todo bien / muy bien, gracias!)

Si quieres que tu respuesta suene menos entusiasta, puedes decir:

Pas mal! *(pa mal)* (no estoy mal)

Aunque te sientas muy mal, nadie estará esperando que respondas a un simple saludo con una lista de tus dolencias o tus problemas. Las presentaciones y los saludos no tienen otra función que la de ser cordial.

Cuando alguien nos pregunta **"comment allez-vous?"**, lo que suele hacerse es responder a la pregunta y luego preguntar:

- **Et vous?** *(e vu)* (¿y usted?), en un contexto formal.
- **Et toi?** *(e tua?)* (¿y tú?), en un contexto informal.

Presentarse a sí mismo y a los demás

En cuestión de etiqueta, no basta con saludar a la gente y preguntarle cómo está. También es necesario presentarse a sí mismo y averiguar los nombres de los demás. El objetivo de esta sección es enseñarte las frases necesarias para las presentaciones:

Je m'appelle *(ĵë mapel)* (yo me llamo)

Je suis *(ĵë sui)* (yo soy)

Facile, non? *(fasil nÕ)* (fácil, ¿no?) Con esta frase te presentas tú, pero todavía no sabes cómo se llama la otra persona. Para ello, hay que preguntar:

Qui est-ce? *(ki es)* (¿quién es (él / ella?)

y la respuesta que te dan es:

C'est... *(se)* (es...)

Suponiendo que tú quieras presentar a alguien, lo que debes decir es:

Je vous présente... *(ĵë vu presõt)* (le presento a...)

o también se puede usar la forma del tuteo, que es más informal:

Je te présente... *(ĵë të presõt)* (te presento a...)

o también:

Voici... / Voilà... *(vuasi / vuala)* (este(a) es...)

y la otra persona dice:

Enchanté! (*õshõte)* (¡encantado!) (si es un hombre), **enchantée!** (si es una mujer) (¡encantada!)

A continuación verás un ejemplo de cómo presentarte a un colega por primera vez.

Marc: **Bonjour, madame. Je m'appelle Marc Sauval.**

bÕ ĵur madam jë mapel mark soval

Buenos días, señora. Yo me llamo Marc Sauval.

Claire: **Ah, monsieur Sauval. Je suis Claire Rivet. Enchantée! Comment allez-vous?**

a mësië soval ĵë süi kler rive õshõte komõ tale vu

Ah, señor Sauval. Yo soy Claire Rivet. ¡Encantada! ¿Cómo le va?

Marc: **Très bien, merci.**

trè biã mersi

Muy bien, gracias.

Luego, puedes presentar a otra persona.

Marc: **Madame Rivet, je vous présente ma femme, Christine.**

madam rive ĵë vu presõt ma fam kristin

Señora Rivet, le presento a mi mujer, Christine.

Claire: **Enchantée, madame!**

õshõte madam

¡Encantada, señora!

Christine: **Enchantée!**

õshõte

¡Encantada!

Por supuesto que si se trata de un entorno juvenil, como por ejemplo un colegio o una fiesta, el asunto es diferente y, naturalmente, informal:

- **Comment tu t'appelles?** *(komõ tü tapel)* (¿cómo te llamas?)
- **Et lui, qui est-ce?/Et elle, qui est-ce?** *(e lui ki es/e el ki es)* (¿y quién es él?/¿y quién es ella?)

GRAMÁTICA

¡Al igual que en español, en francés el verbo **s'appeler** (llamarse) es pronominal, pues se utilizan dos pronombres en cada conjugación, y no uno: **je** y **me**.

Para tener una referencia, en la siguiente tabla mostramos la conjugación en el presente del verbo **s'appeler**, con sus respectivos pronombres.

TABLA 4-1 Conjugación del verbo appeler

Je m'appelle	*ĵë mapel*
Tu t'appelles	*tü tapel*
Il / elle s'appelle	*il sapel*
Nous nous appelons	*nu nuzaplÕ*
Vous vous appelez	*vu vuzaple*
Ils / elles s'appellent	*il zapel*

Hacer preguntas clave

Para dar inicio a una conversación en cualquier idioma, es indispensable utilizar algunos de los siguientes pronombres interrogativos:

- **Qui?** *(ki)* (¿quién?)
- **Qu'est-ce que?** *(keskë)* (¿qué?)
- **Où?** *(u)* (¿dónde?)
- **Quand?** *(kõ)* (¿cuándo?)
- **Pourquoi?** *(purkua)* (¿por qué?)
- **Comment?** *(komõ)* (¿cómo?)

- **Combien?** *(kÕbiã)* (¿cuánto?)
- **Quel?/Quelle?** *(kel)* masculino y femenino (¿cuál?)

Los siguientes son ejemplos de frases interrogativas sencillas. También es posible utilizar los pronombres interrogativos solos, igual que en español.

- **Qui est-ce?** *(ki es)* (¿quién es?)
- **Qu'est-ce que tu fais?** *(kesk tü fe)* (¿qué haces?)
- **Où habitez-vous?** *(u abite vu)* (¿dónde vive usted?)
- **Quand part l'avion?** *(kõ par laviõ)* (¿cuándo sale el avión?)
- **Pourquoi allez-vous à Paris?** *(purkua alevu a pari)* (¿por qué va usted a París?)
- **Comment s'appelle la petite fille?** *(komõ sapel la pëtit fi)* (¿cómo se llama la niña?)
- **Comment s'appelle...?** *(komõ sapel...)* (¿cómo se llama?)
- **Quel est son prénom?** *(kel e sõ prenõ)* (¿cuál es su nombre [de pila]?)
- **Combien coûte le billet?** *(kõbiã kut lë bie)* (¿cuánto cuesta el billete?)
- **Quel hôtel préférez-vous?** *(kel otel prefere vu)* (¿qué hotel prefiere usted?)

Las anteriores preguntas pueden ir acompañadas de las siguientes frases, que son muy prácticas en las charlas informales, sobre todo cuando estamos aprendiendo a hablar el idioma.

- **Je ne comprends pas** *(ĵë në kÕprõ pa)* (no entiendo).
- **Je ne sais pas** *(ĵë në se pa)* (no sé).
- **Pardon/Excusez-moi** *(pardÕn/eksküze mua)* (perdón / discúlpeme).
- **Je suis désolé/desolée** *(ĵë süi dezole)* (lo siento).

Ya verás lo útiles que son estas frases cuando te encuentres en un país extranjero y te estén dando indicaciones para llegar a algún lugar, pero a una velocidad tal que tienes que interrumpir a la persona para que repita la información.

Hacer preguntas sencillas

Las siguientes son preguntas sencillas que se pueden usar cuando queremos conocer a alguien. Algunas de ellas son totalmente nuevas para ti, mientras que otras ya han aparecido en este libro. En todas usamos la persona **vous**, pues suele mantenerse la distancia cuando apenas estamos conociendo a alguien:

» **Comment vous appelez-vous?** *(komõ vuzaple vu)* (¿cómo se llama usted?)

» **Quel âge avez-vous?** *(kel aĵ avevu)* (¿qué edad tiene usted?)

» **Où habitez-vous?** *(u abite vu)* (¿dónde vive usted?)

» **Est-ce que vous êtes marié?** *(eskë vuzet marie)* (¿es usted casado?)

» **Avez-vous des enfants?** *(avevu dezõfõ)* (¿tiene usted hijos?)

» **Qu'est-ce que vous faites (dans la vie)?** *(kesk vu fet dõ la vi)* (¿a qué se dedica usted?)

» **Pour quelle compagnie travaillez-vous?** *(pur kel kõpañi travaie vu)* (¿en qué empresa trabaja usted?)

» **Parlez-vous français?** *(parle vu frõse)* (¿habla usted francés?)

» **Aimez-vous voyager?** *(eme vu vuaiaĵe)* (¿le gusta a usted viajar?)

» **Quand partez-vous?** *(kõ parte vu)* (¿cuándo se va usted?)

» **Quel temps fait-il aujourd'hui?** *(kel tõ fetil oĵurdui)* (¿qué tiempo hace hoy?)

¿De dónde eres?

Después de conocer gente nueva, presentarte y averiguar sus nombres, tal vez te interese saber de dónde son (de qué ciudad o de qué país). Para ello, deberás familiarizarte con un verbo muy útil: **être** *(ètr)* (ser y estar). A diferencia del español, donde tenemos el verbo "ser", que sirve para expresar cualidades permanentes, y el verbo "estar", que sirve para expresar estados transitorios, en francés existe un solo verbo para ambos usos: **être**. Al igual que el verbo "ser", la conjugación de **être** es irregular y ligeramente difícil. Sin embargo, es tan importante y tan útil que vale la pena hacer el esfuerzo de memorizarlo y practicarlo en cualquier oportunidad que se te presente. Así pues, **allons-y** *(alÕzi)* (¡vamos!). En la siguiente tabla se muestra la conjugación en presente de **être** *(ètr)* (ser y estar):

TABLA 4-2 **Conjugación del verbo *être***

Conjugación	Pronunciación
Je suis	*jë sui*
Tu es	*tü e*
Il / elle est	*il e*
Nous sommes	*nu søm*
Vous êtes	*vu zet*
Ils / elles sont	*il sÕ*

La pregunta que escucharás con más frecuencia es:

D'où êtes vous? *(du et vu)* (¿de donde es usted?) [formal] o **D'où es tu?** *(du e tü)* (¿de dónde eres?) [informal]

Para responder, puedes decir:

- **Je suis de Madrid. Et vous?** *(jë süi de madrid e vu)* (yo soy de Madrid, ¿y vosotros?)
- **Nous sommes de Paris** *(nu som dë pari)* (somos de París)

Parece muy fácil, ¿no? Lo que pasa es que estas frases vienen con nombres de ciudades. Sin embargo, el asunto se pone un poquito más complicado cuando se trata de nombres de países, pues, en francés, los nombres de los países vienen con su correspondiente artículo, femenino o masculino: **la France** *(la frõs)*, **le Canada** *(lë kanada)*.

El nombre de algunos países se dice sin artículo. Simplemente se dice **Israël** *(israel)* o **Madagascar** *(madagaskar)*, por ejemplo.

En la tabla 4-3 presentamos una lista de algunos países con sus artículos y géneros:

TABLA 4-3 **El género de los países**

Femeninos:		
La France	*la frõs*	Francia
La Suisse	*la süis*	Suiza
La Belgique	*la belĵik*	Bélgica
L'Allemagne	*lalmañ*	Alemania
L'Italie	*litali*	Italia
L'Espagne	*lespañ*	España
L'Angleterre	*langlëter*	Inglaterra
L'Algérie	*lalĵeri*	Argelia
L'Inde	*lãd*	India
Masculinos:		
Le Canada	*le kanada*	Canadá
Le Danemark	*lë danmark*	Dinamarca
Le Portugal	*lë portügal*	Portugal
Le Japon	*lë ĵapõ*	Japón
Le Maroc	*lë marok*	Marruecos
Le Sénégal	*lë senegal*	Senegal
Le Liban	*lë libõ*	Líbano
Les États-Unis	*lezetazüni*	Estados Unidos
Le Mexique	*lë meksik*	México
Le Pérou	*lë peru*	Perú

Observa que todos los países femeninos terminan con la letra *e*. La única excepción es México que, a pesar de terminar en *e*, es masculino.

Prestar atención al género de los países es importante, pues permite entender las variaciones que vemos en las siguientes frases:

- **Ciudad: Je suis de Paris** *(ĵë sui dë pari)* (yo soy de París).
- **País femenino: Il est de France** *(il e dë frõs)* (él es de Francia).
- **País masculine: Vous êtes du Canada** *(vu zet dü kanada)* (usted es de Canadá).
- **Plural: Nous sommes des États-Unis** *(nu som dezetazuni)* (nosotros somos de Estados Unidos).

Como es obvio, en algunas ocasiones no necesitamos decir nuestro origen sino contarle a alguien dónde estamos. En este caso, usamos la preposición **à** y, si queremos decir en qué país estamos, usamos otra preposición:

- **Ciudad: Je suis à Paris** *(ĵë sui za pari)* (estoy en París).
- **Masculino: Montréal est au Canada** *(mÕreal eto kanada)* (Montreal está en Canadá).
- **Femenino: Elle est en Suisse** *(el et õ suis)* (ella está en Suiza).

En francés, al igual que en español, se puede decir "yo vengo de...", para indicar el origen o la procedencia. Por ejemplo, puedes preguntar:

D'où viens-tu? *(du viã tü)* (¿de dónde vienes?) / **D'où venez-vous?** *(du vëne vu)* (¿de dónde viene usted?)

Y la respuesta puede ser:

Je viens de Montréal *(ĵë viã dë mÕreal)* (vengo de Montreal).

Describir las ciudades

Supongamos que quieres tener una conversación más larga con una persona que está viajando en tu mismo avión. Sería interesante hacerle preguntas sobre su ciudad de origen: si es grande, pequeña, bonita, internacional, etc. A continuación presentamos algunas frases que pueden servir para iniciar la conversación:

» **De quelle ville êtes-vous?** *(dë kel vil et vu)* (¿de qué ciudad es usted?)

» O **De quelle ville es-tu?** *(dë kel vil e tu)* (¿de qué ciudad eres?) si queremos ser más informales.

» **Où est Montréal?** *(u e mÕreal)* (¿dónde está Montreal?)

» **Comment est Montréal?** *(komÕ e mÕreal)* (¿cómo es Montreal?)

» **Est-ce que c'est une petite ville?** *(es kë setün pëtit vil)* (¿es una ciudad pequeña?)

Las siguientes son posibles respuestas a estas preguntas:

» **Montréal est une ville internationale** *(mÕreal e tün vil ãternasional)* (Montreal es una ciudad internacional).

» **C'est au Canada** *(se to kanada)* (está en Canadá).

» **Ce n'est pas une petite ville; c'est une très grande ville** *(cë ne pazün pëtit vil setün trè grõd vil)* (no es una ciudad pequeña; es una ciudad muy grande).

Hablar sobre el lugar donde vivimos

A medida que va aumentando la cercanía y la amistad, se va haciendo necesario intercambiar direcciones y números de teléfono. En ese momento es útil formular esta pregunta:

Palabras para recordar

Se escribe	Se pronuncia	Significa
où est	u e	dónde está
une petite ville	ün pëtit vil	una ciudad pequeña
une grande ville	ün grõd vil	una ciudad grande
une ville internationale	ün vil ãternasional	una ciudad internacional

- **Où habitez-vous** *(u abite vu)* (¿dónde vive usted?)
- **Quelle est votre adresse?** *(kel e votr adres)* (¿cuál es su dirección?)
- **Donnez-moi votre numéro de téléphone** *(done mua votr numero dë telefon)* (déme su número de teléfono).

Quizás también se presente la oportunidad de hablar de la casa. Las siguientes frases pueden resultar bastante prácticas:

- **Nous habitons dans une maison** *(nuzabitÕ dõzün mezÕ)* (nosotros vivimos en una casa).
- **Moi j'habite dans un appartement** *(mua ĵabit dõ zũ napartmõ)* (yo vivo en un apartamento).

Palabras para recordar

Se escribe	Se pronuncia	Significa
le nom	lë nÕ	el nombre
le prénom	lë prenÕ	el nombre (de pila)
l'adresse	ladres	la dirección
le numéro de telefon	lë numero dë telefon	el número de teléfono
vous voulez?	vu vule	¿quiere?
le code postal	lë kød postal	el código postal
pourquoi pas?	purkua pa	¿por qué no?

Conversación banal en el trabajo

La ocupación con la cual te ganas la vida suele formar parte de la conversación cotidiana. Las siguientes frases, profesiones y ocupaciones son bastante comunes y de uso corriente:

» **Qu'est-ce que vous faites dans la vie?** *(kesk vu fet dõ la vi)* (¿a qué se dedica usted?)

» **professeur** *(profesër)* (profesor)

» **informaticien / informaticienne** *(ãformatisiã / ãformatisien)* (especialista en informática)

» **secrétaire** *(sëkreter)* (secretario/a)

» **médecin** *(medsã)* (médico/a)

» **infirmier / infirmière** *(ãfirmie / ãfirmièr)* (enfermero / enfermera)

» **avocat / avocate** *(avoka/avokat)* (abogado / abogada)

- **ingénieur** *(ãĵenièr)* (ingeniero/a)
- **serveur / serveuse** *(servër / servëz)* (camarero/camarera)
- **dentiste** *(dõtist)* (dentista)
- **retraité / retraitée** *(rëtrete / rëtrete)* (jubilado/jubilada)

GRAMÁTICA

En francés, al igual que en español, la profesión o la actividad se expresa con el verbo ser: **je suis professeur** *(ĵë sui profesër)* (soy profesor) o **il est ingénieur** *(il e ãĵenièr)* (él es ingeniero).

La siguiente es una conversación que podrías sostener con otra persona sobre su trabajo:

Amanda: **Où travaillez-vous?** *(u travaie vu)* (¿Dónde trabaja usted?)

Patrick: **Mon bureau est à Paris, mais je vais souvent à Nice en voyage d'affaires.** *(mÕ büro eta pari me ĵë ve suvõ a nis õ vuaiaĵ dafer)* (Mi oficina está en París, pero voy con frecuencia a Niza en viaje de negocios).

Amanda: **Pour quelle compagnie travaillez-vous?** *(pur kel kõpañi travaie vu)* (¿Para qué empresa trabaja usted?)

Patrick: **Pour une compagnie d'informatique.** *(pur ün kõpañi dãformatik)* (Para una empresa de informática).

Amanda: **C'est une grande compagnie?** *(se tün grõd kõpañi)* (¿Es una empresa grande?)

Patrick: **Non, elle est très petite. Il y a seulement dix employés.** *(nÕ el e trè pëtit il i a sëlmõ dizõpluaie)* (No, es muy pequeña. Hay solamente diez empleados).

Palabras para recordar

Se escribe	Se pronuncia	Significa
le voyage d'affaires	lë vuaiaĵ dafer	el viaje denegocios
mon bureau	mÕ büro	mi oficina
l'informatique	lãformatik	la informática
une compagnie	ün kÕpañi	una empresa
grand / grande	grõ / grõd	grande (masculino / femenino)
petit / petite	pëti / pëtit	pequeño / pequeña
il y a	il i a	hay
un employé / une employée	ũ nõpluaie / ün õpluaie	un empleado / una empleada
un collègue / une collègue	ũ kolèg / ün kolèg	un colega / una colega

Hablar el idioma

Si estás perdido en algún país de habla francesa, con hambre y sin saber qué hacer, nuestro consejo es: **Parle français!** *(parl frõse)* (¡habla francés!). A continuación presentamos algunas frases que quizás puedan sacarte de apuros:

- **Parlez-vous français? / Est-ce que vous parlez français?** *(parle vu frõse/eskë vu parle frõse)* (¿habla usted francés?)
- **Je parle un peu français** *(ĵë parl ũ pë frõse)* (yo hablo un poco de francés).
- **Je ne parle pas du tout français** *(ĵë në parl pa dü tu frõse)* (yo no hablo nada de francés).

Observa que las frases anteriores se construyen poniendo el adverbio (como **pas du tout**) inmediatamente después del verbo, igual que en español.

A continuación encontrarás unas cuantas frases con el verbo **parler**:

- **Mais tu parles très bien français!** *(me tü parl trè biã frõse)* (Pero ¡tú hablas muy bien el francés!).
- **C'est normal, je suis québécoise, alors ma langue maternelle c'est le français.** *(se normal jë sui kebekuaz alor ma lõg maternel se lë frõse)* (Es lógico: yo soy quebequesa, así que mi lengua materna es el francés).
- **Mais tu parles aussi l'anglais probablement.** *(me tü parl osi lõgle probablemõ)* (Pero probablemente también hablas inglés).
- **Moi je le parle.** *(mua jë lë parl)* (Yo lo hablo).

Hablar del tiempo

Otro tema fantástico para una conversación informal y ligera es **le temps** *(lë tõ)* (el tiempo). De hecho, existe una expresión en francés para hacer referencia a la charla informal: **parler de la pluie et du beau temps** *(parle dë la plui e dü bo tõ)* (literalmente: hablar de la lluvia y del buen tiempo). A continuación presentamos algunas frases útiles:

- **Quel temps fait-il?** *(kel tõ fetil)* (¿qué tiempo hace?)
- **Il fait chaud** *(il fe sho)* (hace calor).
- **Il fait froid** *(il fe frua)* (hace frío).
- **Il fait doux** *(il fe du)* (la temperatura es suave).
- **Il fait beau** *(il fe bo)* (hace buen tiempo).
- **Il fait mauvais** *(il fe move)* (hace mal tiempo).

- **Il fait du vent** *(il fe dü võ)* (hay viento).
- **Il fait du soleil** *(il fe dü solei)* (hace sol).
- **Il pleut** *(il plë)* (está lloviendo).
- **Il neige** *(il nèĵ)* (está nevando).
- **La température est de 20 degrés** *(la tõperatür e dë võ dëgre)* (la temperatura es de veinte grados).

Palabras para recordar

Se escribe	Se pronuncia	Significa
mon ami	monami	mi amigo
mon amie	monami	mi amiga
mais	me	pero
alors	alør	entonces
moi / toi / lui / elle	mua / tua / lüi / el	yo / tú / él / ella(para poner énfasis)
moi aussi	mua osi	yo también
seulement	sölmõ	solamente
maintenant	mãtnõ	ahora
il faut parler	il fo parle	hay que hablar

Prueba esta conversación sobre el clima:

Amanda: **À Nice il fait beau et chaud et la température est de 30 degrés.** *(a nis il fe bo e sho e la tõperatür e dë trõt dëgre)* (En Niza hace buen tiempo y hace calor: la temperatura es de 30 grados).

Patrick: **À Nice il fait toujours beau!** *(a nis il fe tuĵur bo)* (¡En Niza siempre hace buen tiempo!)

Amanda: **Même en hiver?** *(mèm õniver)* (¿Incluso en invierno?)

Patrick: **En hiver il pleut un peu, mais il fait doux. Et à New York?** *(õniver il plë ũ pë me il fe du e a niu* *iork)* (En invierno llueve un poco, pero la temperatura es suave. ¿Y en Nueva York?)

Amanda: **En hiver, il fait très froid et il neige, et en été il fait très chaud et humide.** *(õniver il fe trè frua e il nèĵ e õnete il fe trè sho e ümid)* (En invierno hace mucho frío y nieva, y en verano hace mucho calor y es muy húmedo).

Patrick: **Et au printemps et en automne?** *(e o prãtõ e õnoton)* (¿Y qué tal en primavera y en otoño?)

Amanda: **Le temps est agréable.** *(lë tõ etagreabl)* (El clima es agradable).

Conversar sobre la familia

Si vas a charlar sobre la familia, te será muy útil conocer las siguientes palabras:

- **le mari** *(lë mari)* (el marido)
- **la femme** *(la fam)* (la mujer)
- **les parents** *(le parõ)* (los padres)
- **le père** *(lë pèr)* (el padre)
- **la mère** *(la mèr)* (la madre)
- **les enfants** *(lezõfõ)* (los niños)
- **le fils** *(lë fis)* (el hijo)
- **la fille** *(la fi)* (la hija)
- **le frère** *(lë frèr)* (el hermano)
- **la soeur** *(la sër)* (la hermana)
- **les petits-enfants** *(le pëtizõfõ)* (los nietos)

En la siguiente conversación, dos personas hablan de sus respectivas familias:

Patrick: **Votre fille habite en France?** *(votr fi abit õ frõs)* (¿Su hija vive en Francia?)

Amanda: **Oui, son mari est français.** *(ui sõ mari e frõse)* (Sí, su marido es francés).

Patrick: **Et vous, êtes-vous française ou américaine?** *(e vu et vu frõsèz u ameriken)* (Y usted, ¿es francesa o estadounidense?)

Amanda: **Les deux! Mon père est américain et ma mère est française.** *(le dë mÕ pèr etamerikã e ma mèr e frõsèz)* (¡Las dos! Mi padre es estadounidense y mi madre es francesa).

Patrick: **Alors vous parlez bien l'anglais et le français?** *(alor vu parle biã lõgle e lë frõse)* (Entonces, ¿usted habla bien el inglés y el francés?)

Amanda: **Bien sûr, et mes enfants aussi.** *(biã sür e mezõfõ osi)* (Por supuesto, y mis hijos y mis nietos también).

Patrick: **Quelle chance! Moi je parle seulement français** *(kel shõs mua ĵë parl sëlmõ frõse)* (¡Qué suerte! Yo hablo solamente francés).

GRAMÁTICA

En francés, hay dos verbos que corresponden al verbo español "vivir": **habiter** *(abite)* y **vivre** *(vivr)*. La mayor parte del tiempo estos verbos son intercambiables, pero **habiter** se refiere específicamente al espacio de vivienda, en tanto que **vivre** es más general, pues comprende también la noción de tiempo.

Palabras para recordar

Se escribe	Se pronuncia	Significa
habiter	abite	vivir
les deux	le dë	las dos
quelle chance!	kel shõs	¡qué suerte!
seulement	sëlmõ	solamente

EN ESTE CAPÍTULO

Pedir pan y mantequilla

Salir a comer en un restaurante

Pagar la cuenta

Capítulo 5 Para disfrutar una copa y la comida

Una de las maneras más interesantes de entrar en contacto con la cultura de un país es descubrir los hábitos alimentarios de la gente. Esta exploración es particularmente placentera cuando se trata de comida y de restaurantes franceses. Ya sea que vayas a un lugar elegantísimo o que prefieras sentarte en el banco de un parque a comer pan con quesos, te será útil conocer algunas palabras y expresiones relacionadas con el mundo gastronómico.

Todo sobre las comidas

No hay nada mejor que sentarse a comer con una leve sensación de hambre. En ese momento podrás decir **J'ai faim** *(ĵe fã)* (tengo hambre), y también **J'ai soif** *(ĵe suaf)* (tengo sed). ¡Así, el glorioso mundo de la gastronomía francesa será todo tuyo!

Los francófonos ponen mucho énfasis en la expresión de lo que sienten. Así, por ejemplo, en vez de decir "tengo mucha hambre" o "tengo mucha sed", dicen algo más enfático: **je meurs de faim** *(jë mër de fã)* (me muero de hambre) o **je meurs de soif** *(jë mër de suaf)* (me muero de sed).

Las comidas

No en todos los países francófonos se utiliza el mismo nombre para cada una de las diferentes comidas. Aquí presentamos las variantes:

» La palabra "desayuno" es:

- **le déjeuner** *(dejëne)* en Quebec
- **le petit déjeuner** *(pti dejëne)* en Francia

» La palabra "almuerzo" es:

- **le dîner** *(lë dine)* en Quebec
- **le déjeuner** *(lë dejëne)* en Francia

» La palabra "cena" es:

- **le souper** *(lë supe)* en Quebec
- **le dîner** *(lë dine)* en Francia

Estos sustantivos también funcionan como verbos: "desayunar" también es **déjeuner**; "almorzar" es **dîner** y "cenar" es **souper**.

» Otros momentos para comer son:

- le **goûter** *(gute)* (merienda)
- **un casse-croûte** *(kaskrut)* (tentempié)

Poner la mesa

Igual que en muchos otros países, las costumbres en Francia han cambiado y, ahora, la gran comida del día es la cena. A continuación ofrecemos una lista de los elementos que se usan para **mettre le couvert** *(metr lë cuver)* (poner la mesa):

- **une assiette** *(ün asiet)* (un plato)
- **un verre** *(ũ ver)* (un vaso)
- **les couverts** *(le kuver)* (los cubiertos)
- **une cuillère** *(ün cüier)* (una cuchara)
- **un couteau** *(ũ kuto)* (un cuchillo)
- **une serviette** *(ün serviet)* (una servilleta)
- **le sel et le poivre** *(lë sel e lë puavr)* (la sal y la pimienta)

Después del postre, la gente se levanta de la mesa y toma el café. Por lo general, se necesita lo siguiente:

- **une tasse** *(ün tas)* (una taza)
- **une soucoupe** *(ün sukup)* (un plato pequeño)
- **une petite cuillère** *(ün pëtit küier)* (una cucharilla)
- **le sucre** *(lë sükr)* (el azúcar)

Salir a un restaurante

Tal vez no tengas la fortuna de compartir una cena con una familia francesa, pero las palabras que te enseñamos en la sección anterior pueden ser de utilidad si vas a un restaurante. En esta sección cubrimos diversos aspectos relacionados con las salidas a restaurantes.

Hacer una reserva

Para poder ir a muchos restaurantes famosos es necesario hacer una reserva, a veces hasta con dos meses de anticipación. Las siguientes frases te pueden resultar útiles para hacerla:

- **Bonjour, je voudrais réserver une table pour samedi prochain.** *(bÕĵur ĵë vudre reserve ün tabl pur samdi proshã)* (Buenos días, me gustaría reservar una mesa para el próximo sábado).
- **D'accord, pour déjeuner ou pour dîner?***(dakør pur dejëne u pur dine)* (Muy bien. ¿Para almorzar o para cenar?)
- **Pour combien de personnes?** *(pur kõbiã dë person?)* (¿Para cuántas personas?)
- **Pour deux personnes.** *(pur dë person)* (Para dos personas).
- **Et à quelle heure?** *(e a kel ër)* (¿Y a qué hora?)
- **C'est à quel nom?** *(se ta kel nÕ)* (¿A nombre de quién?)

Examinar el menú y pedir la comida

Cuando llegues al restaurante, las siguientes frases te pueden resultar útiles:

- **Bonsoir, nous avons une réservation au nom de Jacques Miller.** *(bÕ suar nuzavÕ ün rezervasiÕ o nÕ dë ĵak miler)* (Buenas noches, tenemos una reserva a nombre de Jacques Miller).
- **Votre table est là-bas, à côté de la fenêtre.** *(votr tabl e la ba a kote dë la fnètr)* (Su mesa está allá, junto a la ventana).
- **Et voici le menu et la carte des vins**. *(e vuasi lë menü e la kart dë vã)* (Y aquí está el menú y la carta de vinos).

Una vez que te hayas sentado a la mesa, seguramente necesitarás responder a estas preguntas del camarero:

- **Vous voulez boire quelque chose?** *(vu vule buar kelk shoz)* (¿Quieren beber algo?)
- **Voilà vos boissons.** *(vuala vo buasÕ)* (Aquí están sus bebidas).
- **Vous êtes prêts?** *(vuzet prè)* (¿Ya están listos?)

ADVERTENCIA

Ya no se estila llamar al camarero diciendo **garçon** *(garsÕ)*, pues se considera poco respetuoso, sino diciendo **monsieur** *(mësië)*. En caso de que se trate de una **serveuse** *(servëz)*, se dice **madame** *(madam)* o **mademoiselle** *(madmuazel)*, si es muy joven.

Palabras para recordar

Se escribe	Se pronuncia	Significa
nous sommes fermés	nu som ferme	cerramos
d'accord	dakør	muy bien / de acuerdo
c'est à quel nom?	se ta kel nÕ	¿a nombre de quién?
là-bas	la ba	allá
à côté de	a kote dë	junto a / al lado de
la fenêtre	la fnètr	la ventana
parfait!	parfe	¡perfecto!

También se le puede pedir consejo al camarero, diciendo: **"Qu'est-ce que vous recommandez?"** *(kesk vu rëkomõde)* (¿qué recomienda usted?)

Cuando todo el mundo esté listo para pedir su plato, las siguientes frases serán de gran utilidad:

- **comme entrée je prends...** *(køm õtre ĵë prõ)* (de entrante yo quiero...)
- **je voudrais...** *(ĵë vudrè)* (yo quisiera...)

- **pour moi...** *(pur mua)* (para mí)
- **et ensuite...** *(e õsüit)* (y luego...)
- **et comme boisson...** *(e køm buasÕ)* (y para beber...)
- **et comme dessert...** *(e køm deser)* (y de postre...)

La primera frase de la lista anterior incluye el verbo **prendre** *(prõdr)* (tomar), que comprende las acciones de **manger** *(mõĵe)* (comer) y **boire** *(buar)* (beber).

Prendre es un verbo irregular que se conjuga como lo muestra la siguiente tabla:

TABLA 5-1 El verbo *prendre*

Conjugación	Pronunciación
Je prends	*ĵë prõ*
Tu prends	*tü prõ*
Il / elle prend	*il / el prõ*
Nous prenons	*nu prënÕ*
Vous prenez	*vu prëne*
Ils / elles prennent	*il / el pren*

A continuación hay una muestra de las cosas que pueden encontrarse en un restaurante francés. No olvides que un mismo plato puede tener nombres diferentes, según las preferencias del restaurante. Así pues, no tengas vergüenza de preguntarle al camarero. Primero, **les entrées** *(lezõtre)* (los entrantes):

- **le pâté / la terrine** *(lë pate / la terin)* (el paté / la terrina)
- **le saumon fumé** *(lë somÕ füme)* (el salmón ahumado)
- **la salade verte** *(la salad vert)* (la ensalada verde, es decir, solamente con lechuga)
- **les crudités** *(le crüdite)* (las verduras crudas)

Después de los entrantes viene **le plat principal** *(lë pla pransipal)* (el plato principal):

» **les viandes** *(le viõd)* (las carnes)

- **le boeuf** *(lë bëf)* (la carne de vaca)

  Los términos en que se puede pedir el bistec son: **saignant** *(señÕ)* (poco hecho), **à point** *(a puã)* (al punto) y **bien cuit** *(biã küi)* (bien hecho).

- **le veau** *(lë vo)* (la ternera)
- **le poulet** *(lë pule)* (el pollo)
- **le porc** *(lë pør)* (el cerdo)
- **l'agneau** *(laño)* (el cordero)
- **les poissons** *(le puasÕ)* (los pescados)

» **le riz** *(lë ri)* (el arroz)

» **les pâtes** *(le pat)* (las pastas)

Un simple acento puede marcar una enorme diferencia entre dos palabras. **Le pâté** (con acento en la *e* final) es una pasta de carne, que suele hacerse con cerdo y especias, y se come como entrante, con un poco de pan. De otro lado, **les pâtes** (sin acento en la *e*) son las famosas pastas italianas.

» **les légumes** *(le legüm)* (las legumbres)

- **les pommes de terre** *(le pøm de ter)* (las patatas)
- **les haricots verts** *(le ariko ver)* (las judías verdes)
- **les petits pois** *(le pëti pua)* (los guisantes)
- **les champignons** *(le shõpiñÕ)* (las setas / los champiñones)

» **les fromages** *(le fromaĵ)* (los quesos)

» **les desserts** *(le deser)* (los postres)

- **la glace** *(la glas)* (el helado)
- **la crème** *(la krèm)* (el pudin)
- **le gâteau au chocolat** *(lë gato o shokola)* (el pastel de chocolate)
- **la tarte aux pommes** *(la tart o pøm)* (la tarta de manzana)

Palabras para recordar

Se escribe	Se pronuncia	Significa
les poireaux	le puaro	los puerros
vous voulez vosotros [formal o plural]	vu vule	tu quieres / queréis
tu veux [informal]	tü vë	tu quieres
la boisson	la buasÕ	la bebida
et ensuite...	e õsuit	y luego...
c'est bon!	se bÕ	¡está bueno!
c'est délicieux	se delisië	¡es delicioso!

Desayuno fuera de casa

Puedes encontrar cualquiera de estas delicias en una **pâtisserie** *(patisëri)* (pastelería) o en una **boulangerie** *(bulõĵëri)* (panadería). Aquí tienes una lista de las cosas que se te pueden antojar:

» **le café** *(lë kafe)* (el café)

» **le café au lait** *(lë kafe o le)* (el café con leche)

» **le café crème** *(lë kafe krèm)* (el café con crema)

» **le thé nature** *(lë te natür)* (el té solo)

» **le thé au lait** *(lë te o le)* (el té con leche)

» **le thé au citron / le thé citron** *(lë te o sitrÕ/ lë te sitrÕ)* (el té con limón)

» **le pain** *(lë pã)* (el pan)

» **le pain grillé** *(lë pã grie)* (el pan tostado)

» **les tartines** *(le tartin)* (pan untado con alguna pasta)

» **le beurre** *(lë bër)* (la mantequilla)

la margarine *(la margarin)* (la margarina, no tan apetecida como la mantequilla, pero muy usada también)

- **la confiture** *(la kÕfitür)* (la mermelada)
- **le croissant** *(lë cruasõ)* (el croissant)
- **le pain au chocolat** *(lë pã o shokola)* (el pan de chocolate)
- **le chausson aux pommes** *(lë shosÕ o pøm)* (la empanadilla de manzana)
- **le pain aux raisins** *(lë pã o rezã)* (el pan con pasas)

Tomarse una copa

Las preguntas **Qu'est-ce que vous voulez boire?** *(keskë vu vule buar)* y **Qu'est-ce que vous voulez comme boisson** *(keskë vu vule køm buasÕ)* significan "¿Qué quiere beber?". La segunda frase significa literalmente "¿Qué quiere como bebida?". En ambas frases se usa el verbo **boire** *(buar)* (beber) que es irregular. Su conjugación me muestra en la tabla 5-2:

TABLA 5-2 El verbo *boire*

Conjugación	Pronunciación
Je bois	*jë bua*
Tu bois	*tü bua*
Il / elle boit	*il / el bua*
Nous buvons	*un büvÕ*
Vous buvez	*vu büve*
Ils / elles boivent	*il / el buav*

A continuación encontrarás una lista con las bebidas que la gente suele pedir en los restaurantes:

- **un verre de vin** *(ũ ver de vã)* (una copa de vino)
- **une bouteille de bière** *(ün butei dë bièr)* (una botella de cerveza)
- **une carafe d'eau** *(ün karaf do)* (una jarra de agua)
- **un double express** *(ũ dubl ekspres)* (espresso doble)
- **un grand crème** *(ũ grÕ krèm)* (café con leche grande)
- **un déca; un décaféiné** *(ũ deka; ũ dekafeine)* (un descafeinado)
- **une tasse de thé** *(ün tas dë te)* (una taza de té)

En Francia, no es muy frecuente que la gente pida el vino por copas. Lo normal es pedir **un quart** *(ũ kar)* (un cuarto de litro), **une demi bouteille** *(ün dëmi butei)* (media botella) o **une bouteille** *(ün butei)* (una botella). El vino de la casa se pide en **une carafe** *(ün karaf)* (una jarra) o **un pichet** *(ũ pishe)* (un jarrón).

CULTURA GENERAL

Por lo general no ponen agua en la mesa, a menos que uno diga: **"une carafe d'eau s'il vous plaît"** *(ün karaf do sil vu ple)* (una jarra de agua, por favor). Mucha gente prefiere el agua en botella y la pide según la marca: **une bouteille d'Evian, de Vittel** o **de Perrier** *(ün butei deviõ, de vitel* o *de perie)*.

Para pagar la cuenta

En Francia, los camareros no te traerán la cuenta a menos que la pidas. Hacerlo se considera un gesto de acoso y mala educación. Llama al camarero cuando estés listo, y con alguna de las siguientes frases podrás pedirle tu cuenta:

- **L'addition, s'il vous plaît.** *(ladisiÕ sil vu ple)* (La cuenta, por favor).

» **Vous prenez les cartes de crédit?** *(vu prëne le kart dë kredi)* (¿Aceptan tarjetas de crédito?)

» **Le pourboire est compris** *(lë purbuar e kÕpri)* (la propina está incluida)

Palabras para recordar

Se escribe	Se pronuncia	Significa
un tas de	ũ ta dë	un montón de
cher / pas cher	sher/par sher	caro / barato
fatigué	fatige	cansado
d'accord	dakør	vale / de acuerdo
quelque chose	kelk shoz	algo
vous êtes prêts?	vuzet pre	¿están listos?
la même chose	la mem shoz	lo mismo
l'addition	ladisiÕ	la cuenta
le pourboire	lë purbuar	la propina
laisser un pourboire	lese ũ purbuar	dejar una propina
la carte de crédit	la kart dë kredi	la tarjeta de crédito
accepter	aksepte	aceptar

EN ESTE CAPÍTULO

- Encontrar las tiendas y la ropa que buscas
- Visitar los mercados
- El momento de la compra
- Cómo comparar peras con manzanas

Capítulo 6

Para gozar de las compras

¡No hay un plan más agradable que ir de **shopping** *(shoping)* (compras) en un país extranjero! Y en el caso de Francia, bien vale la pena visitar los mercados, ya sea porque no puedes resistirte ante esas apetitosas frutas y verduras o ante las crujientes baguettes, o porque ya gastaste todo tu dinero en un costoso perfume y debes comer de manera frugal. Este capítulo te ayudará a sacar el mejor partido de las compras a la francesa.

Los comercios

Si no sabes por dónde comenzar, o si no tienes la menor idea de qué cosas quieres comprar, lo mejor es ir a **un grand magasin** *(ũ grõ magazã)* (unos grandes almacenes). A continuación encontrarás otras posibilidades:

- **Les centres commerciaux** *(le sõtr komersio)* (los centros comerciales)
- **La boutique** (*la butik*) (la boutique)
- **La livrarie** *(la livreri)* (la librería)
- **La bijouterie** *(la bijûtri)* (la joyería)
- **Le bureau de tabac** (Francia), **la tabagie** (Quebec) *(le büro de taba / la tabaĵi)* (el estanco)
- **La dépanneuse** (Quebec) *(la depanëz)* (tienda de barrio)

Visitar el comercio

Cuando quieras ir de compras, es conveniente que averigües las horas de apertura de los comercios. Las siguientes preguntas pueden ayudarte:

- **A quelle heure ouvrez-vous/fermez-vous?** *(a kel ër uvre vu/ferme vu)* (¿a qué hora abren / cierran?)
- **Quelles sont vous heures d'ouverture?** *(kel sÕ vozër duvertür)* (¿cuál es su horario de apertura?)
- **Êtes-vous ouverts le dimanche** *(et vu uver lë di-mõsh)* (¿ustedes abren los domingos?)

Supongamos que ya has averiguado a qué hora abren los grandes almacenes y decides ir a echar una mirada. No quieres comprar nada por el momento; sólo mirar.

- **Je peux vous aider?** *(ĵë pë vuzede)* (¿puedo ayudarle?)
- **Non, merci, je regarde seulement** *(nÕ mersi ĵë regard sëlmõ)* (no, gracias, sólo estoy mirando).

Poco a poco te van entrando ganas de empezar a ponerte serio y sacas la lista de cosas que quieres comprar. Sin embargo, el comercio parece un laberinto. Es el momento de hablar con un dependiente.

Palabras para recordar

Se escribe	Se pronuncia	Significa
attendez un instant	atõde ũnãstõ	espere un momento
aider	ede	ayudar
essayer	eseie	probarse
les cabines d'essayage	le kabin deseiaĵ	los probadores
au fond	o fÕ	al fondo
à gauche	a gosh	a la izquierda
à droite	a druat	a la derecha
je trouve / je pense	ĵë truv / ĵë põs	creo / me parece
un peu	ũ pë	un poco
trop	tro	demasiado
pas du tout	pa dü tu	nada / en absoluto
tant pis	tõ pi	lástima

» **Pouvez-vous m'aider, s'il vous plaît?** *(puve vu mede sil vu ple)* (¿podría ayudarme, por favor?)

» **Je voudrais un renseignement** *(ĵë vudre ũ rõse-ñmõ)* (quisiera información).

» **Je cherche...** *(ĵë shersh)* (estoy buscando...)

» **Pardon, madame, où sont les parfums?** *(pardÕ madam u sÕ le parfũ)* (perdón, señora, ¿dónde están los perfumes?)

» **Ici, au rez-de-chaussé** *(isi o redshose)* (aquí, en la planta baja).

» **Les vêtements pour dames, s'il vous plaît?** *(le vetmõ pur dam sil vu ple)* (¿la ropa de señora, por favor?)

- **C'est au troisième étage** *(seto truazièm etaĵ)* (es en la tercera planta).
- **Excusez-moi, je cherche des compact disques** *(ekskūze mua ĵë shersh de kÕpak disk)* (perdón, estoy buscando discos compactos).
- **Ils sont au sous-sol à côté des livres** *(il sÕ o susol a kote de livr)* (están en el sótano, al lado de los libros).

Comprar ropa como un entendido

Comprar ropa implica desenvolverse en diversos aspectos, uno de los cuales tiene que ver con las tallas. Otros son los colores, los materiales, etc.

La talla correcta

Aunque en francés existe la palabra **taille** *(tai)* (talla), por lo general no es necesario decirla. Se dice, más bien:

- **Je fais du 36** *(ĵë fe dü trõt sis)* (tengo la 36).
- **Je voudrais essayer une robe en 40** *(ĵë vudre eseie ün rob õ karõt)* (me gustaría probarme un vestido de la talla 40).
- **Est-ce que vous l'avez en plus petit?** *(eskë vu lave õ plü pëti)* (¿lo tiene en una talla más pequeña?)

Por supuesto, si todos los intentos por encontrar la talla resultan infructuosos, siempre puedes recurrir a las prácticas tallas estándar: **petit** *(pëti)* (pequeño); **moyen** *(muaiã)* (mediano); **large** *(larĵ)* (grande) o **extra-large** *(ekstra larĵ)* (extra grande).

En español hay una sola palabra para la ropa y los zapatos: "talla". En francés hay dos: **taille** *(tai)* se aplica a la estatura y a la talla de la ropa y **pointure** *(puãtür)* se aplica a la talla de los zapatos.

Usa las siguientes frases para describir cómo te queda una prenda o unos zapatos:

» **Ça me va** *(sa më va)* (me queda bien).

» **Ça te va bien** *(sa të va biã)* (te queda bien).

» **Ça lui va mal** *(sa lui va mal)* (le queda mal).

» **Ça ne nous va pas bien** *(sa në nu va pas biã)* (no nos queda bien).

» **Ça ne leur va pas du tout** *(sa në lër va pa dü tu)* (no les queda nada bien).

El material y el color de la ropa

Para referirnos al material del que está hecha la ropa, decimos **en** después del verbo o **de** después del sustantivo, como en los siguientes ejemplos:

» **Cette veste est <u>en</u> laine. C'est une veste de laine** *(se tün vest õ lèn se tün vest dë lèn)* (es una chaqueta de lana).

» **Je voudrais un foulard <u>de</u> soie** *(jë vudre ũ fular dë sua)* (quisiera una bufanda de seda).

» **Est-ce que ces chaussures sont <u>en</u> cuir?** *(eskë se shosür sÕ tõ küir)* (¿Esos zapatos son de cuero?)

En caso de que necesites conocer el nombre del material de algunas prendas, te ofrecemos la siguiente lista:

» **la laine** *(la lèn)* (la lana)

» **la soie** *(la sua)* (la seda)

» **le coton** *(le kotÕ)* (el algodón)

» **le velours côtelé** *(lë vëlur cotle)* (la pana — Francia)

» **le corduroy** *(lë corduroy)* (el corduroy – Quebec)

» **le cuir** *(lë küir)* (el cuero)

Cuando buscas ropa, ¿qué puede ser más importante que **la couleur** *(la kulër)* **e**l color? La tabla 6-1 puede ayudarte en ese aspecto.

TABLA 6-1 Los colores

Palabra	Pronunciación	Significado
noir / noire	*nuar*	negro / negra
marron	*marÕ*	marrón
blanc / blanche	*blõ / blõsh*	blanco / blanca
bleu/bleue	*blë*	azul
rouge	*ruĵ*	rojo / roja
jaune	*ĵon*	amarillo / amarilla
orange	*orõĵ*	naranja

RECUERDA

El adjetivo de color concuerda en género y número con el sustantivo:

» **un pantalon noir** *(ũ põtalÕ nuar)* (un pantalón negro)

» **des chaussures vertes** *(de shosür vert)* (zapatos verdes)

Cuando encuentres la prenda perfecta (o si el dependiente está listo para hacer la venta), oirás alguna de las siguientes frases:

» **Ça vous va à merveille** *(sa vu va a mervei)* (Le queda de maravilla).

» **C'est à la mode.** *(set a la mod)* (está de moda).

La ropa que usamos

La tabla 6-2 presenta una lista de **vêtements pour dames** *(vètmõ pur dam)* (ropa de señora):

TABLA 6-2 Ropa de señora

Palabra	Pronunciación	Significado
une robe	*ün røb*	un vestido
une jupe	*ün ĵüp*	una falda
un tailleur	*ũ taiër*	un sastre
une veste*	*ün vest*	una chaqueta
un pantalon*	*ũ põtalÕ*	un pantalón
un jean*	*ũ dĵin*	unos vaqueros / tejanos / jeans
un manteau	*ũ mõto*	un abrigo
un imperméable	*ũ ãpermeabl*	un impermeable
un chemisier	*ũ shëmizie*	una blusa
un foulard	*ũ fular*	una bufanda
une chemise de nuit	*ün shëmiz dë nüi*	un camisón
une robe de chambre	*ün røb de shõbr*	una bata
un maillot de bain	*ũ maio dë bã*	un traje de baño — Francia
un costume de bain	*ũ kostüm de bã*	un vestido de baño — Quebec
des sous-vêtements*	*de suvètmõ*	ropa interior

** Estos términos también se aplican a la ropa de hombre.*

En la tabla 6-3 encontrarás los **vêtements pour hommes** *(vètmõ pur øm)* (ropa para hombre):

TABLA 6-3 Ropa de hombre

Palabra	Pronunciación	Significado
un complet	*ũ kÕple*	un traje — Francia
un habit	*ũ abi*	un traje — Quebec
un veston	*ũ vestÕ*	una chaqueta de vestir
une chemise	*ün shëmiz*	una camisa
une ceinture	*ün sãtür*	un cinturón
des chaussettes	*de shoset*	unos calcetines
un pardessus	*ũ pardësü*	un sobretodo
un chapeau	*ũ shapo*	un sombrero
une cravate	*ün kravat*	una corbata

ADVERTENCIA

El idioma francés ha copiado muchas palabras del inglés para designar ciertas prendas. Sin embargo, en ocasiones tienen significados diferentes:

- **le tee-shirt** *(lë ti shërt)* (la camiseta)
- **le sweat** *(lë suit)* (camiseta interior)
- **le jogging** *(lë ĵoging)* (la sudadera)
- **le pull** *(lë pül)* (el suéter / el jersei)
- **le slip** *(lë slip)* (calzoncillos tipo *slip*)

Y ahora los zapatos:

- **les sandales** *(le sõdal)* (las sandalias)
- **les bottes** *(le bøt)* (las botas)
- **les chaussures à talons** *(le shosür a talÕ)* (los zapatos de tacón)
- **les baskets** *(le basket)* (las zapatillas deportivas)
- **les chaussons** *(le shosÕ)* (las pantuflas)
- **une paire de chaussures** *(ün pèr de shosür)* (un par de zapatos)

Palabras para recordar

Se escribe	Se pronuncia	Significa
étroit	etrua	estrecho
large	larĵ	grande
un autre	ũnotr	otro
combien coûte...?	kÕbiã kut	¿cuánto cuesta...?
joli	ĵoli	lindo / bonito
aujourd'hui	oĵurdüi	hoy
absolument	absolumõ	sin falta / absolutamente

Comprar comida en el mercado

Desde los mercados al aire libre hasta los supermercados, pasando por toda una serie de tiendas especializadas, las siguientes secciones te permitirán encontrar el pescado perfecto para la cena de esta noche o ese fabuloso bizcocho que tanto se te antoja.

Aire fresco, alimentos frescos: la plaza de mercado

Los mercados al aire libre son una maravilla. Son especialmente agradables en las ciudades y los pueblos pequeños, donde es posible disfrutar de los olores, los acentos y los sonidos locales. En lugares más grandes y en las plazas de algunos pueblos también hay **les halles** *(le al)* (mercados cubiertos). ¿Qué mejor manera de practicar el francés?

En los mercadillos hay prácticamente de todo. En algunos se encuentran, incluso, artículos como ropa, zapatos, utensilios de cocina y, por supuesto, flores. La tabla 6-4, a continuación, te da una pequeña lista de las cosas que puedes comprar:

TABLA 6-4 **Artículos del mercado**

Palabra	Pronunciación	Significado
la viande	*la viõd*	la carne
le poisson	*lë puasÕ*	el pescado
les fruits	*le früi*	las frutas
la pomme	*la pøm*	la manzana
la banane	*la banan*	la banana / el plátano
la poire	*la puar*	la pera
la pêche	*la pèsh*	el melocotón
l'orange (f.)	*lorõĵ*	la naranja
la fraise	*la frèz*	la fresa
les légumes	*le legume*	las legumbres
la laitue	*la letü*	la lechuga
la tomate	*la tomat*	el tomate
la carotte	*la karot*	la zanahoria
l'oignon (m.)	*loñÕ*	la cebolla
la fleur	*la flër*	la flor

Las siguientes frases pueden servirte en el mercado, o a lo mejor oyes que otras personas las dicen:

» **Qu'est-ce que tu aimes comme fruits?** *(kesk tü èm køm früi)* (¿Qué frutas te gustan?)

» **Tous! Mais à cette saison, je préfère les pêches.** *(tus me a set sezÕ ĵë prefèr le pèsh)* (¡Todas! Pero en esta estación, prefiero los melocotones).

» **Est-ce qu'il y a des pêches ici?** *(eskil i a de pèsh isi)* (¿Hay melocotones aquí?)

» **Oui, mais là-bas, elles sont plus belles et moins chères.** *(ui me laba el sÕ plü bel e muã shèr)* (Sí, pero allá están más bonitos y menos caros).

» **Donnez-moi un kilo de pêches, s'il vous plaît.** *(done mua ũ kilo de pèsh sil vu ple)* (Déme un kilo de melocotones, por favor).

» **Choisissez!** *(shuazise)* (¡Escójalos!)

» **Voilà, madame. Et avec ça?** *(vuala madam e avek sa)* (Aquí tiene, señora. ¿Algo más?)

» **C'est tout. Ça fait combien?** *(se tu sa fe kÕbiã)* (Eso es todo. ¿Cuánto es?)

Los supermercados y las tiendas de alimentos

Cuando no tenemos mucho tiempo para ir a los mercados al aire libre o no encontramos lo que buscamos en una pequeña tienda, es muy práctico tener un supermercado a mano. Francia cuenta con algunos supermercados enormes, junto a las autopistas, a las entradas de las ciudades. Algunos de ellos son tan grandes que los llaman **hypermarchés** *(ipermarshe)* (hipermercados) en lugar de **supermarchés**. Pero si vas a Francia y tienes tiempo, ve a descubrir las pequeñas tiendas de alimentos. ¡Es un plan fantástico!

A continuación hay una breve lista con **les petits magasins** *(le pti magazã)* (las pequeñas tiendas) de alimentos:

» **la boulangerie** *(la bulõĵëri)* (la panadería), donde se vende pan y productos de pastelería.

» **la pâtisserie** *(la patisri)* (la pastelería), se especializa en tartas y pasteles, por lo general de alta calidad, y no vende pan.

- **la boucherie** *(la bushri)* (la carnicería).
- **la charcuterie** *(la sharkütri)* (la charcutería).
- **l'épicerie** *(lepisri)* (tienda de diversos productos).
- **la crèmerie** *(la kremri)* (tienda de productos lácteos y quesos).
- **le marchand de fruits et légumes** *(lë marshõ dë früize legum)* (el vendedor de verduras y frutas).

Los siguientes son ejemplos de vocabulario en acción:

- **On achète du pain à la boulangerie** *(Õnashèt dü pã a la bulõĵri)* (se compra el pan en la panadería).
- **L'épicier vend du café, du thé et des épices** *(lepisie võ dü kafe, dü te e dezepis)* (el tendero vende café, té y especias).

Las medidas de peso

En los países francófonos se usa el sistema métrico decimal. La unidad básica de peso es el gramo, y por lo general se compran las frutas, las verduras y las carnes en múltiplos de esta unidad.

- **un gramme** *(ũ gram)* (un gramo)
- **un kilogramme / un kilo** *(ũ kilogram)* (un kilogramo / un kilo)
- **une livre** *(ün livr)* (una libra = 500 gramos)

En lo que respecta a las medidas líquidas, la unidad es el **litre** *(litr)* (litro). Incluso la gasolina se vende por litros. **Un litre** contiene **cent centilitres** *(sõ sõtilitr)* (100 centilitros).

Al hablar de cantidades no especificadas, se utiliza un artículo que no existe en español. Recibe el nombre de **partitif** *(partitif)*, pues describe una parte de alguna cantidad. Se construye uniendo la preposición **de** con alguno de los artículos definidos: **le**, **la**, **les**.

» **de + le = du** (*dü*)

» **de + la = de la** (*dë la*)

» **de + les = des** (*de*)

» **de + l'= de l'** (*dël*)

En una frase habitual, diríamos:

Je voudrais du carburant *(ĵë vudrè dü karbürõ)* (quisiera poner gasolina).

A la hora de pagar

Las tarjetas de crédito son ampliamente aceptadas en los países de habla francesa. Sin embargo, es posible que en pueblos pequeños no las admitan en algunos locales, o que sólo admitan precisamente la que tú no tienes. Por eso es recomendable tener dinero en efectivo, ya sea a través de cheques de viaje o de un cajero automático (en el capítulo 3 encontrarás más detalles sobre ambas opciones). A continuación encontrarás el vocabulario que necesitar para pagar lo que hallaste en tu exploración de tiendas y mercados:

» **C'est combien?** *(se kÕbiã)* (¿cuánto es?)

» **Combien coûtent celles-ci?** *(kÕbiã kut sel si?)* (¿Cuánto cuestan estos?)

» **C'est bon marché.** *(se bÕ marshe)* (Es una ganga).

» **C'est un peu cher, mais je les prends.** *(se tũ pë sher me ĵë le prõ)* (Son un poco caros, pero me los llevo).

» **Est-ce vous acceptez les cartes de crédit?** *(eskë vuzaksepte le kart dë kredi)* (¿Aceptan tarjetas de crédito?)

RECUERDA

El equivalente de la expresión "necesito cambio" es: **j'ai besoin de monnaie** *(jè bëzuã dë mone).*

La palabra "moneda", que en español designa el objeto redondo de curso legal, se dice en francés **pièce de monnaie** *(piès dë mone)* o, simplemente, **pièce** *(piès).*

En Francia (en un pequeño café-bar, por ejemplo), si el camarero quiere que le pagues en dinero suelto, te dirá:

> **Avez-vous de la (petite) monnaie?** *(ave vu dë la pëtit mone)* (¿tiene suelto?)

En Quebec, sin embargo, lo dicen de otra manera:

> **Avez-vous du p'tit change?** *(ave vu dü pti shõj)* (¿tiene suelto?)

También escucharás decir en Quebec:

> **Je voudrais faire du change** *(jë vudrè fèr dü shõj)* (quisiera que me dieran cambio).

Eso mismo en Francia se diría:

> **Je voudrais faire de la monnaie** *(jë vudrè fèr dë la mone)* (quisiera que me dieran cambio).

Palabras para recordar

Se escribe	Se pronuncia	Significa
tous	tus	todos
mais	mè	pero
là-bas	la ba	allá
donnez-moi	done mua	déme
celui-ci (m.) / celle-ci (f.)	sëlusi / selsi	este / esta
celui-là (m.) / celle-là (f.)	sëluila / sel la	aquel / aquella
voilà	vuala	listo / aquí tiene
et avec ça?	e avek sa	¿algo más?
c'est tout	se tu	eso es todo

Comparar: lo bueno y lo mejor

No tenemos todo el dinero del mundo, por eso es importante escoger bien a la hora de comprar, y decidir entre lo bueno y lo mejor.

Hacer comparaciones

Para hacer una comparación entre dos objetos o dos personas, los franceses utilizan los siguientes adjetivos y adverbios:

» **plus... que** *(plü... kë)* (más... que)

» **moins... que** *(muã... kë)* (menos... que)

» **aussi... que** *(osi.. kë)* (como)

Observa la diferencia de la tercera frase con el español, cuando la comparación da un resultado igual. Veamos algunos ejemplos:

» **La France est moins grande que le Canada** *(la frõs e muã grõd kë lë kanada)* (Francia es menos grande que Canadá).

» **On mange plus souvent des fruits en été qu en hiver** *(Õ mõĵ plü suvõ de früi õnete kõniver)* (uno come frutas con más frecuencia en verano que en invierno).

» **Les poires sont aussi chères que les pêches** *(le puar sÕtosi shèr kë le pèsh)* (las peras son tan caras como los melocotones).

ADVERTENCIA

No debes usar la construcción **plus** con el adjetivo **bon** *(bÕ)* (bueno). Al igual que en español, la forma correcta es **meilleur** *(meiër)* (mejor).

» **Les fruits du marché sont meilleurs que les fruits du supermarché** *(le früi dü marshe sÕ meiër kë le früi dü süpermarshe)* (las frutas del mercado son mejores que las frutas del supermercado).

El uso de superlativos

Los superlativos sirven para indicar que algo tiene una calidad en el mayor grado posible. En francés, los superlativos se forman con las palabras **plus** y **moins**. En un diálogo, la vendedora te puede decir que te estás probando **la plus petite taille** *(la plü pëtit tai)* (la talla más pequeña). Hay dos maneras de construir los superlativos: con el adjetivo antes del sustantivo o con el adjetivo después del sustantivo.

Cuando el adjetivo va antes del sustantivo

En los casos en que el adjetivo precede al sustantivo, la construcción es así:

- **C'est la moins jolie robe** *(se la muã ĵoli røb)* (es el vestido menos bonito).
- **Eaton c'est le plus grand magasin de Montréal** *(iton se lë plü grõmagazã de mÕreal)* (Eaton es la tienda más grande de Montreal).

Cuando el adjetivo va después del sustantivo

La construcción del superlativo es ligeramente diferente cuando el adjetivo va después del sustantivo.

- **C'est le garçon le plus intelligent de l'école** *(se lë garsÕ le plü zãteliĵõ de lekøl)* (es el chico más inteligente del colegio).
- **Elle achète la robe la moins chère de la boutique** *(el ashèt la røb la muã shèr de la butik)* (ella compra el vestido menos caro de la *boutique*).

ADVERTENCIA

En francés no se califica el adjetivo **bon** con **le plus**. Lo correcto es decir **le meilleur** *(lë meiër)* (el mejor). Veamos un ejemplo de uso:

» **On trouve le meilleur chocolat en Suisse** *(Õ truv lë meiër shokola õ suis)* (el mejor chocolate se encuentra en Suiza).

Algunos verbos útiles para ir de compras

Cuando vamos de compras, usamos mucho los verbos **acheter et vendre** *(ashte e võdr)* (comprar y vender). **Acheter** es un verbo regular, con una pequeñísima irregularidad: **il achète** *(il ashèt)* (él compra).

Vendre es un verbo irregular, que se conjuga como se muestra en la tabla 6-5:

TABLA 6-5 **El verbo *vendre***

Conjugación	Pronunciación
Je vends	*jë võ*
Tu vends	*tü võ*
Il / elle vend	*il / el võ*
Nous vendons	*nu võdÕ*
Vous vendez	*vu võde*
Ils / elles vendent	*il / el võd*

Aimer *(eme)* (amar / querer / gustar) es un verbo muy importante para ir de compras. Además, por ser un verbo regular terminado en **–er**, es muy fácil de conjugar.

Préférer *(prefere)* (preferir) también es un verbo terminado en **–er**, pero con una pequeña irregularidad: en las personas **je**, **tu**, **il**, **ils** la segunda *e* se pronuncia más abierta que en el infinitivo. Por ejemplo, **je préfère** *(jë prefèr)*.

Aquí hay otros cuantos verbos que te pueden resultar de utilidad:

- **aider** *(ede)* (ayudar)
- **chercher** *(shershe)* (buscar)
- **choisir** (*shuazir*) (escoger)
- **donner** (*done*) (dar)
- **essayer** *(eseie)* (probar)
- **montrer** (*mÕtre*) (mostrar)
- **payer** (*peie isi*) (pagar)
- **porter** (*porte*) (puesto)
- **voir** (*vuar*) (ver)
- **vouloir** (*vuluar*) (querer)

EN ESTE CAPÍTULO

La vida cultural que ofrece la ciudad

Actividades al aire libre

Los deportes

Capítulo 7
Disfrutar del ocio

Los franceses son muy trabajadores, pero también saben divertirse. Este país ofrece cultura y diversión de muy diversos tipos: desde visitar los museos o los clubes nocturnos hasta encontrar un lugar para practicar o ver algún deporte. Y si conoces algo del idioma en estos campos, con seguridad vas a pasar un buen rato.

De paseo por la ciudad

Cuando viajes a una ciudad que no conoces, puedes divertirte al probar lo que te ofrece en términos de actividades recreativas y culturales.

Visitar museos

En París es posible visitar una gran cantidad de museos, y la **Carte Musées et Monuments** (*katr muze e monümõ*), puede ser la mejor manera de verlos. A continuación una breve lista de los famosos museos que quizás quieras visitar:

- **Le Louvre** *(lë luvr)*: alberga varias de las esculturas y pinturas más famosas del mundo. Entre ellas están la *Venus de Milo* y *La Mona Lisa* de Leonardo da Vinci.
- **Musée d'Orsay** *(müze dorse)*: allí se encuentra la mejor colección de obras de Van Gogh, aparte de aquellas que se encuentran en el Museo Van Gogh de Ámsterdam.
- **Versailles** *(versai)*: **Louis XIV** *(lui katorz)* Luis XIV, lo convirtió en la residencia oficial de la monarquía francesa. Puedes visitar por tu cuenta la Galería de los Espejos, la Capilla Real y el Departamento del Rey.
- **Fontainebleau** *(fÕtenblo)*: Napoleón estableció allí su corte, a comienzos del siglo XIX. En este mismo lugar, el emperador firmó los papeles de su abdicación en 1814.

Cuando vayas a visitar los museos, ten presente que muchas de las obras de arte exhibidas no fueron concebidas para soportar la intensidad del turismo moderno. Por esa razón se han puesto carteles con la siguiente advertencia: **Photos au flash interdites** *(foto o flas ãterdit)* (prohibido sacar fotos con flash). Algunas obras de arte, o incluso exposiciones enteras, cambian de lugar, y se renuevan las salas. En ocasiones, hay salones o alas enteros cerrados al público, y hay carteles que dicen: **Défense d'entrer** *(defõs dõtre)* (prohibida la entrada).

Las siguientes frases te pueden resultar útiles para aprovechar la visita a un museo:

- **Y a-t-il des réductions pour les étudiants?** *(iatil de redüksiÕ pur le zetudiõ)* (¿hay descuento para estudiantes?)
- **Si vous avez votre carte d'identité, c'est moitié prix.** *(si vuzave votr kart didõtite se muatie pri)* (Si lleva su carnet de identidad, le cuesta la mitad de precio).

- **Avez-vous un guide en anglais?** *(avevu ũ gid õnõgle)* (¿Tiene una guía en inglés?)
- **À quelle heure est la prochaine visite guidée?** *(akel ër e la proshèn vizit gide)* (¿a qué hora es la próxima visita guiada?)
- **Elle commence dans ... minutes.** *(el komõs dõ ... minüt)* (Comienza dentro de ... minutos).
- **Deux adultes et un étudiant, s'il vous plaît.** *(dë-zadült e ũ netüdi)* (Dos entradas para adulto y una para estudiante, por favor).

Palabras para recordar

Se escribe	Se pronuncia	Significa
y a-t-il des réductions pour...?	iatil de redüksiõ pur	¿hay descuentos para...?
carte d'identité	kart didõtite	carnet de identidad
moitié prix	muatie pri	mitad de precio
la prochaine visite guidée	la proshèn vizit gide	la próxima visita guiada

Ir al teatro

El teatro francés es mundialmente famoso desde hace siglos, y ofrece algo especial para todos los gustos y presupuestos, desde producciones clásicas hasta teatro de **avant-garde** *(avõ gard)* (vanguardia). Cuatro de los cinco teatros nacionales de Francia están en París (el quinto se encuentra en Estrasburgo). Las reservas en algunos de los teatros nacionales deben hacerse con dos semanas de anticipación, a menos que uno quiera arriesgarse a buscar una entrada de última hora.

Se supone que tanto hombres como mujeres deben vestirse bien para ir al teatro. Los hombres deben ponerse trajes oscuros y las mujeres deben llevar vestido. En las funciones inaugurales hay que estar aún más elegante: los hombres deben usar esmoquin y las mujeres, vestido largo.

Las siguientes frases te serán muy útiles si estás pensando en ir al teatro:

- **Je veux aller au théâtre ce soir.** *(jë vë ale o teatr se suar)* (Yo quiero ir al teatro esta noche).
- **Qu'est-ce qu'on joue?** *(keskÕ ĵu)* (¿Qué están presentando?)
- **Je ne connais pas beaucoup le français. Ça va me plaire?** *(jë në kone pa boku lë frõse sa va më plèr)* (No sé mucho francés. ¿Me va a gustar?)
- **A quelle heure commence-t-elle?** *(a kel ër komõs tel)* (¿A qué hora comienza?)

Palabras para recordar

Se escribe	Se pronuncia	Significa
le théâtre	lë teatr	el teatro
un drame	ũ dram	un drama
triste	trist	triste
une comédie	ün komedi	una comedia
rigolo	rigolo	gracioso / divertido

Una vez sepas qué obra vas a ver, podrás comprar las entradas en **le guichet** *(lë guishe)* (la taquilla) y sostener un diálogo como el siguiente con **le monsieur** *(lë mësië)* (el señor).

- **Je voudrais deux places à l'orchestre, s'il vous plait.** *(jë vudrè dë plas a lorkestr sil vu ple)* (Por favor, dos entradas para platea).

- **Tout est complet à l'orchestre** *(tute kÕple a lorkestr)* (Todas las butacas de platea están vendidas).
- **Il y a deux places au premier rang au balcon** *(il i a dë plas o prëmie rõ o balkÕ)* (Hay dos butacas en la primera fila del primer piso).
- **Le lever du rideau est à quelle heure?** *(lë lëve dü rido et a kel ër)* (¿A qué hora se levanta el telón?)

Ir al cine

En ocasiones, después de un día de gran actividad turística es una buena idea relajarse yendo al cine. El cine, inventado por los hermanos franceses **Auguste** *(ogüst)* y **Louis Lumière** *(lui lümièr)*, tuvo sus inicios en París. La industria filmográfica francesa siempre se ha considerado a sí misma más como una actividad artística que como una actividad comercial. El cine francés es tan popular que en París se muestran más de trescientas películas por semana, cifra mucho más alta que en cualquier otra ciudad del mundo. Así que para responder a la siguiente pregunta:

Voulez-vous aller au cinéma? *(vule vu ale o sinema)* (¿Queréis ir a cine?)

Palabras para recordar

Se escribe	Se pronuncia	Significa
une place	ün plas	una butaca
à l'orchestre	a lorkestr	en platea
au balcon	o balkÕ	en el primer piso
tout est complet	tute kÕple	todo está vendido
le premier rang	lë prëmie rõ	la primera fila
le rideau se lève	lë rido se lèv	se levanta el telón

Debes completar la siguiente frase:

Je voudrais voir... *(jë vudre vuar...)* (A mí me gustaría ver...)

Por supuesto, las opciones son casi ilimitadas, pero aquí te ofrecemos unas cuantas:

- **un dessin animé** *(ũ desã anime)* (una de dibujos animados)
- **un documentaire** *(ũ dokümõtèr)* (un documental)
- **un film d'aventure** *(ũ fil davõtür)* (una película de aventuras)
- **un western** *(ũ uestern)* (un western)

RECUERDA

Las películas que vienen marcadas con las siglas **VO** — **version originale** *(ve o — versiÕ original)* (versión original) están en la lengua original, con subtítulos en francés.

Ir a un concierto

Sea cual sea la lengua que hablemos, lo cierto es que la música es el único idioma verdaderamente universal. Si te sientes abrumado de tener que hablar en francés todo el tiempo, ve a un concierto. Tan sólo necesitarás unas cuantas frases para decidir a cuál concierto ir.

- **Quel type de musique aimes-tu?** *(kel tip dë müsik èm tü)* (¿Qué tipo de música te gusta?)
- **J'adore la musique classique.** *(jadør la müsik klasik)* (Me fascina la música clásica).
- **Il y a une symphonie de Mozart au parc ce soir. Veux-tu y aller?** *(il i a ün sãfoni de motsar o park së suar vë tü i ale)* (Hay una sinfonía de Mozart en el parque esta noche. ¿Quieres ir?)

Palabras para recordar

Se escribe	Se pronuncia	Significa
une symphonie	ün sãfoni	una sinfonía
la musique classique	la müsik klasik	la música clásica
la musique moderne	la müsik modern	la música moderna
la musique rock	la müsik rok	el rock
la musique de	la müsik de ĵaz	el jazz jazz
la musique techno	la müsik tekno	la música techno
le rap	lë rap	el rap
un orchestre de chambre	ũ norkestr de shõbr	una orquesta de cámara
aimer	eme	gustar
ennuyeux	õnüië	aburrido
bizarre	bizar	extraño
bruyant	brüiõ	ruidoso
moderne	modern	moderno

CULTURA GENERAL

No grites "**encore**" *(õkør)* en un concierto, a menos que quieras que los músicos vuelvan a tocar la misma pieza. Si lo que quieres es que toquen un rato más, di "**bis**" *(bis)*.

GRAMÁTICA

El verbo **jouer** *(ĵue)* significa varias cosas. Vamos por partes: la primera acepción es la de tocar, en el sentido de tocar un instrumento. Cuando **jouer** se utiliza con instrumentos, se añade la preposición **de** (o bien **du** o bien **de la**). La segunda acepción es la de jugar un juego. En este caso, se añade la preposición **au** (o bien **à la** o bien **aux**). En este capítulo vimos, también, la frase **qu'est-ce qu'on joue?**, que significa "¿qué están presentando?". En la tabla 7-1 hay algunos ejemplos de uso del verbo **jouer**.

TABLA 7-1 Usos del verbo *jouer (ĵuer)*

Palabra	Pronunciación	Significado
je joue du piano	*ĵë ĵu dü piano*	yo toco el piano
tu joues de la guitare	*tü ĵu dë la gitar*	tú tocas la guitarra
nous jouons aux échecs	*nu ĵuÕ ozeshek*	nosotros jugamos al ajedrez
vous jouez de la trompette	*vu ĵue dë la trÕpet*	ustedes tocan la trompeta
elles jouent du violon	*el ĵu dü violÕ*	ellas tocan el violín

Palabras para recordar

Se escribe	Se pronuncia	Significa
le piano	lë piano	el piano
le violon	le violÕ	el violín
la trompette	la trÕpet	la trompeta
la guitare	la gitar	la guitarra
les échecs	lezeshek	el ajedrez
les dames	le dam	las damas

Ir a un club nocturno

Si no estás muy cansado después de todo un día de visitar lugares turísticos, puede ser agradable una actividad nocturna. En todas las grandes ciudades hay montones de clubes, bares o discotecas.

La ropa negra es **de rigueur** *(dë rigër)* (obligatoria).

¿Estás listo para practicar algunas frases antes de salir hacia el club nocturno?

- **Veux-tu aller en boîte? Nous pouvons danser.** *(vë tü ale õ buat nu puvÕ dõse)* (¿Quieres ir a un bar? Podemos bailar).

» **Allons au club pour regarder une revue.** *(alÕ o klub pur rëgarde ün rëvü)* (Vamos al club a ver un espectáculo).

» **Faut-il réserver?** *(fotil rezerve)* (¿Es necesario reservar?)

» **Nous allons devoir faire la queue.** *(nuzalÕ dëvuar fèr la kë)* (Tenemos que hacer cola).

» **À quelle heure commence l'espectacle?** *(a kel ör komõs lespektakl)* (¿A qué hora empieza el espectáculo?)

Palabras para recordar

Se escribe	Se pronuncia	Significa
danser	dõse	bailar
une disco / discothèque	ün disko / diskotek	discoteca
un club	ũ klub	un club
une revue	ün rëvü	un espectáculo
Faut-il réserver?	fotil rezerve	¿Es necesario reservar?

CULTURA GENERAL

Además de darle propina al acomodador del concierto, del teatro o de la película, también hay que darle propina a la asistente de los baños públicos. Esta figura es tan conocida en la escena francesa que tiene un nombre: **dame pipi** *(dam pipi)*.

Disfrutar los espacios abiertos

Salir de la ciudad y gozar de la intemperie te dará oportunidad de conocer nuevo vocabulario, especialmente verbos activos.

La práctica del esquí

Tanto si te encuentras en Suiza como en Francia o Canadá, encontrarás muchas oportunidades para practicar los dos tipos de **ski** *(ski)* (esquí): el **ski de fond** *(ski dë fÕ)* (esquí de fondo) y el **ski alpin** *(ski alpã)* (esquí alpino).

Estas pocas frases bastarán para que en poco tiempo ya vayas esquiando ladera abajo:

Palabras para recordar

Se escribe	Se pronuncia	Significa
un forfait	ũ forfè	un forfait
les conditions	le kÕdisiÕ	las condiciones
la neige	la nèĵ	la nieve
poudreuse	pudrëz	(nieve) en polvo
il fait très froid	il fè trè frua	hace mucho frío
rester	reste	quedarse
acheter	ashte	comprar

- **Il fait très froid aujourd'hui.** *(il fè trè frua oĵurdüi)* (Hoy hace mucho frío).
- **Il y a beaucoup de neige.** *(il i a boku dë nèĵ)* (Hay mucha nieve).
- **La neige est poudreuse, aussi.** *(la nèĵ e pudrëz osi)* (Además, será nieve en polvo).
- **Les conditions sont excellentes.** *(le kÕdisiÕ sÕte-kselõt)* (Las condiciones son excelentes).
- **Je voudrais deux forfaits pour une journée, s'il vous plaît.** *(ĵë vudrè dë forfè pur ün ĵurne sil vu plè)* (Quisiera dos forfaits de día, por favor).
- **Je voudrais louer des skis.** *(ĵë vudrè lue de ski)* (Quisiera alquilar esquís).

» **Voulez-vous des leçons de ski?** *(vule vu de lësÕ de ski)* (¿Quiere clases de esquí?)

Palabras para recordar

Se escribe	Se pronuncia	Significa
je voudrais	ĵë vudrème	me gustaría / yo quisiera
louer	lue	alquilar
l'équipement	lekipmõ	el equipo
les leçons de ski	le lësÕ dë ski	la clases de esquí
les ski	le ski	los esquís

Ir a la playa

¿Tienes ganas de saltar entre las olas? Nadar es una actividad segura, pues en la mayoría de playas hay personal de salvamento. Pero si ves un anuncio que dice **"Baignade interdite"** *(beñad ãterdite)*, ten cuidado. ¡Eso significa que está prohibido bañarse!

GRAMÁTICA

En francés, como en español, existen los llamados verbos pronominales. Son aquellos que se conjugan con un pronombre reflexivo. La acción del verbo la realiza el sujeto indicado por dicho pronombre. En la siguiente tabla mostramos el uso del verbo pronominal **se baigner** *(së beñe)* (bañarse). Como habrás observado, a diferencia del español, el infinitivo en francés lleva el pronombre al comienzo.

TABLA 7-2 El verbo *se baigner*

Conjugación	Pronunciación
Je me baigne	*ĵë më bèñ*
Tu te baignes	*tü të bèñ*
Il / elle se baigne	*il / el së bèñ*
Nous nous baignons	*nu nu bèñÕ*
Vous vous baignez	*vu vu bèñe*
Ils / elles se baignent	*il / el se bèñ*

Los siguientes también son ejemplos de verbos pronominales relacionados con actividades de playa:

- **Les enfants s'amusent sur la plage** *(lez õfõ samüz sür la plaĵ)* (los niños se divierten en la playa).
- **Nous nous promenons au bord de la mer** *(nu nu promnÕ o bør dë la mer)* (nosotros paseamos por la orilla del mar).

Palabras para recordar

Se escribe	Se pronuncia	Significa
les vagues	le vag	las olas
nager	naĵer	nadar
oublier	ublie	olvidar
se dépêcher	së depeshe	darse prisa
bronzer	brÕze	broncearse
la crème solaire	la krèm solèr	la crema solar
le tuba	lë tüba	la careta
les palmes	le palm	las aletas
la plage	la plaĵ	la playa
s'amuser	samüze	divertirse

Ensaya estas frases antes de salir a la playa:

- **Allons à la plage!** *(alÕ za la plaĵ)* (¡Vamos a la playa!)
- **Nous allons nager.** *(nuzalÕ naĵe)* (Vamos a nadar).
- **Attendez! Vous oubliez la crème solaire.** *(atõde vuzublie la krèm solèr)* (¡Esperad! Se os olvida la crema solar).
- **Regarde les très grandes vagues!** *(rëgard le trè grõd vag)* (¡mira esas olas enormes!)
- **As-tu mon tuba et mes palmes?** *(a tü mÕ tüba e me palm)* (¿Tienes mi careta y mis aletas?)
- **Je vais bronzer.** *(ĵë vè brÕze)* (Voy a tomar el sol)

Acampar

Acampar es una excelente actividad para olvidarlo todo y darse un buen descanso. En Francia, los meses en que la gente (y, en especial, los parisinos) suele ir a acampar son julio y agosto. La actividad de acampar está muy bien organizada en Francia. En la mayoría de los campings hay duchas y restaurantes, así como espacios especiales para las bicicletas. Muchos de estos campings se encuentran ubicados junto a las playas.

Acampar al borde de una carretera es ilegal. Sin embargo, es posible pedir permiso a los dueños de las granjas para acampar en su terreno. **Pouvons-nous camper ici, s'il vous plaît?** *(puvÕ nu kõpe isi sil vu plè)* (¿podemos acampar aquí, por favor?). Puede que te dejen acampar, siempre y cuando te comprometas a dejar el sitio como lo encontraste y no hagas mucho ruido.

Palabras para recordar

Se escribe	Se pronuncia	Significa
monter la tente	mÕte la tõt	montar la tienda
les allumettes	lezalümet	las cerillas
faire un feu de camp	fèr ũ fë dë kõ	hacer una fogata
un sac de couchage	ũ sak dë kushaĵ	un saco de dormir
les douches	le dush	las duchas
les toilettes	le tualet	los baños
les services	le servis	los servicios
nous sommes arrivés	nu søm zarive	hemos llegado
se lever	së lëve	levantarse / despertarse

¿Quieres practicar un poco? A continuación encontrarás frases adecuadas:

» **Montons la tente.** *(mÕtÕ la tõt)* (Montemos la tienda).

» **Quels services y a-t-il?** *(kel servis i a til)* (¿Qué servicios hay?)

» **Il y a des toilettes et des douches.** *(il i a de tualet e de dush)* (Hay baños y duchas).

» **Voilà les sacs de couchage.** *(vuala le sak de kushaĵ)* (Aquí están los sacos de dormir).

» **Trouves-tu les allumettes?** *(truv tü lezalümet)* (¿Encontraste las cerillas?)

» **Je vais faire un feu de camp.** *(ĵë vè fèr ũ fë de kõ)* (Voy a hacer una fogata).

Palabras para recordar

Se escribe	Se pronuncia	Significa
aller	ale	ir
pêcher	pèche	pescar
je n'aime pas	ĵë nèm pa	no me gusta
lire	lir	leer
attraper	atrape	atrapar
le poisson	lë puasÕ	el pez / el pescado
la canne à pêche	la kan a pèsh	la caña de pescar
les vers	le ver	los gusanos
dégoûtant	degutõ	desagradable / asqueroso

Una de las cosas entretenidas que puedes hacer al acampar es ir de pesca.

» **Je vais pêcher.** *(ĵë vè pèshe)* (Voy a pescar).

» **J'espère attraper des poissons pour le dîner.** *(ĵespèr atrape de puasÕ pur lë dine)* (Espero atrapar pescados para la cena).

» **Tu as ta canne à pêche?** *(tü a ta kan a pesh)* (¿Tienes tu caña de pescar?)

» **Oui, et des vers aussi.** *(ui e de ver osi)* (Sí, y gusanos también).

» **Dégoûtant! Allez!** *(degutõ ale)* (¡Qué asco! ¡Venga, vete!)

Deportes, deportes, deportes

Los franceses son mucho más amantes de los deportes ahora que en el pasado. Los jóvenes participan en equipos deportivos y compiten en disciplinas como las que encontrarás en la tabla 7-3:

TABLA 7-3 **Deportes**

Francés	Pronunciación	Traducción
le basket	*lë basket*	el básquet
le football	*lë futbøl*	el fútbol
le rugby	*lë røgbi*	el rugby
la natation	*la natasiÕ*	la natación
le tennis	*lë tenis*	el tenis
la randonné	*la rõndone*	caminar
le cyclisme	*lë siklism*	el ciclismo
la voile	*la vual*	la vela
la planche à voile	*la plõsh a vual*	el *windsurfing*

Palabras para recordar

Se escribe	Se pronuncia	Significa
le basket	lë basket	el básquet
le footbal américain	lë fut(bøl) amerikã	el fútbol americano
le coup d'envoi	lë ku dõvua	el saque
club de sport	club dë spør	club deportivo
une équipe	ün ekip	un equipo
gagner	gañe	ganar
marquer un point	marke ũ puã	marcar un punto
manquer	mõke	perder(se) / errar
un but	ũ bü	un gol
égalité	egalite	empate

Los franceses utilizan dos verbos diferentes para referirse a los deportes: **faire de** *(fèr dë)* para los deportes individuales y **jouer au** *(ĵue o)* para los deportes de equipo. **Faire** es un verbo irregular y se usa con la preposición **de** y sus variantes, en tanto que **jouer** es un verbo regular y se usa con la preposición **au** y sus variantes. En la tabla 7-4 se ve la conjugación de **faire**.

TABLA 7-4 Conjugación del verbo *faire*

Conjugación	Pronunciación	Significado
je fais du tennis	*jë fè dü tenis*	yo juego al tenis
tu fais du tennis	*tü fè dü tenis*	tú juegas al tenis
elle fait du tennis	*el fè dü tenis*	ella juega al tenis
nous faisons du tennis	*nu fësÕ dü tenis*	nosotros jugamos al tenis
vous faites du tennis	*vu fet dü tenis*	vosotros jugáis al tenis
ils font du tennis	*vu fet dü tenis*	ellos juegan al tenis

EN ESTE CAPÍTULO

Capítulo 8

A la hora de trabajar

No siempre que viajamos al extranjero lo hacemos por placer. Estamos en la era del comercio globalizado y la gente de negocios viaja por todas partes del planeta. Si esta es la primera vez que viajas a un país de habla francesa, ten la seguridad de que todos se esmerarán por hacerte agradable la estancia. Y si demuestras un esfuerzo por comunicarte en francés, seguro que los impresionarás. Quizás eso te traiga éxito. Este capítulo te ayuda a entender lo básico de las actividades de negocios.

Hacer una llamada telefónica

Hacer o recibir una llamada telefónica en francés puede ser una dura prueba para los nervios. Lo mejor es respirar profundo y, si lo necesitas, pedirle sin temor a la otra persona que hable despacio: **"Parlez plus lentement, s'il vous plaît"** *(parle plü lõtmõ sil vu plè)*.

CULTURA GENERAL

En francés se utilizan dos palabras para decir "hola": **allô**, cuando contestamos el teléfono, y **bonjour**, para saludar en los demás contextos. Por otra parte, la onomatopeya del timbre del teléfono es **dring, dring**.

La siguiente lista contiene las frases básicas que se necesitan para hablar por teléfono:

» **Allô?** *(alo)* (¿Hola?)

» **C'est Pierre.** *(se pier)* (Soy Pierre).

» **Ça va?** *(sa va)* (¿Cómo estás?)

» **Est-ce que Monique est là?** *(eskë monik e la)* (¿Está Monique?)

» **Ne quitte pas.** *(në kit pa)* (No cuelgues).

» **Au revoir.** *(orvuar)* (Hasta luego).

» **À bientôt.** *(a biãto)* (Nos vemos).

Muchas veces podrá suceder que la persona que buscas no está en casa. El siguiente diálogo te muestra cómo dejar un mensaje cuando eso te pase.

Christine: **Allô?** *(alo)* (¿Hola?)

Pierre: **Allô, Christine? C'est Pierre. Ça va?** *(alo kristin se pier sa va)* (¿Hola, Christine? Soy Pierre. ¿Todo bien?)

Christine: **Ça va bien, et toi?** *(sa va biã e tua)* (Todo bien, ¿y tú?)

Pierre: **Bien. Est-ce que Marc est là?** *(biã es kë mark e la)* (Bien. ¿Está Marc?)

Christine: **Non, il fait les courses.** *(nÕ il fè le kurs)* (No, está haciendo compras).

Pierre: **Dommage! Dis-lui que j'ai téléphoné.** *(domaĵ di lui kë jè telefone)* (¡Qué lástima! Dile que le llamé).

Christine: **Bien sûr. Salut, Pierre.** *(biã sür salü pier)* (Claro que sí. Adiós, Pierre).

Pierre: **Salut, Christine.** *(salü kristin)* (Adiós, Christine).

Palabras para recordar

Se escribe	Se pronuncia	Significa
dis-lui que j'ai téléphoné	di lui këjè telefone	dile que lellamé
il fait les courses	il fe le kurs	está haciendo compras
salut	salü	adiós / hasta luego
un répondeur	ũ repÕdër	un contestador automático

En la oficina

Las siguientes secciones te dan el vocabulario que necesitarás para concertar citas y luego reunirte con las personas.

Concertar una cita

Se considera de buenas maneras, tanto en Francia como en Bélgica, programar las citas con varias semanas de antelación. Sin embargo, algunos ejecutivos franceses creen que su prestigio aumenta si confirman sus citas a última hora.

Tampoco te sorprendas si las secretarias están imposibilitadas para darte una cita. La mayoría no conoce la agenda de su jefe. Lo mejor es hablar directamente con la persona a quien quieres ver.

» **Bonjour. Dan Thompson à l'appareil. Passez-moi M. Seiffert, s'il vous plaît.** *(bÕĵur dan tÕmpsÕ a laparei pase mua mësië sefer sil vu plè)* (Buenos días, habla Dan Thompson. Por favor, ¿me pasa con el señor Seiffert?)

- **Un instant. Ne quittez pas.** *(ũn ãstõ në kite pa)* (Un momento. No cuelgue).
- **Il est dans son bureau. Je vous le passe.** *(il es dõ sÕ büro ĵë vu lë pas)* (Está en su despacho; le paso).
- **Je vais à Nice le 14 juin.** *(ĵë vèza nis lë katorz jüã)* (Voy a estar en Niza el 14 de junio).
- **Je voudrais fixer un rendez-vous pour discuter...** *(ĵë vudrè fikse ũ rõde vu pur disküte)* (Me gustaría encontrarme con usted para hablar sobre...).
- **Je consulte mon calendrier.** *(ĵë kÕsült mÕ kalõdrie)* (Un momento, consulto mi calendario).
- **Ça va, je suis libre le 14 jun, à 15h30.** *(sa va ĵë sui libr lë katorz jüã a kãz ër trõt)* (Está bien, estoy libre el 14 de junio, a las 3:30 de la tarde).
- **Je suis pris.** *(ĵë süi pri)* (Estoy ocupado).
- **Je suis en déplacement.** *(ĵë süizõ deplasmõ)* (Estaré de viaje de negocios).

Hacer negocios

Una reunión de negocios puede involucrar las siguientes frases:

- **Asseyez-vous.** *(aseie vu)* (Tome asiento).
- **Vous avez reçu mon message électronique?** *(vu zave rësu mÕ mesaĵ elektronik)* (¿Recibió mi correo electrónico?)
- **Je l'ai reçu.** *(ui ĵë lè rësü)* (Sí, lo recibí).
- **Vous pouvez l'expliquer?** *(vu puve leksplike sil vu plè)* (¿Podría explicármelo, por favor?)
- **Puis-je utiliser votre téléphone?** *(püiĵ ütilize votr telefon)* (¿Puedo usar su teléfono?)
- **Je me mets d'accord...** *(ĵë më me dakør)* (Acepto...)
- **Je signe.** *(ĵë siñ)* (Firmaré).

Palabras para recordar

Se escribe	Se pronuncia	Significa
l'accord	lakør	acuerdo
l'affaire	lafèr	trato
pendant	põ dõ	durante
une idée	ün ide	una idea
practique	pratik	práctico
télécopier	telekopie	enviar por fax
faire des copies	fèr de kopi	hacer algunas copias
le déjeuner d'affaires	lë dejëne dafèr	almuerzo de trabajo
la poignée de main	la puañe dë mã	el apretón de manos

Usar Internet

En francés, la palabra para designar la red, o World Wide Web, es **la toile** *(la tual)* (por la tela de araña). Se usa con más frecuencia el apelativo **Le Web** *(lë ueb)* **o W3** *(duble ve trua)*. En la tabla 8-1 encontrarás algunos términos útiles al respecto.

TABLA 8-1 **Términos de navegación en la red**

Palabra	Pronunciación	Significado
surfer le web	*sërfe lë ueb*	navegar en la red
un site	*ũ sit*	un sitio web
un login	*ũ login*	una clave de acceso
envoyer des messages	*õvuaie de mesaĵ*	enviar correos

(continúa)

TABLA 8-1 **Términos de navegación en la red** ***(continuación)***

Palabra	Pronunciación	Significado
électroniques	*elektronik*	electrónicos
l'adresse eléctronique	*l'adres elektronik*	dirección de correo electrónico
en solde	*õ sold*	de rebaja
s'abonner	*sabøne*	suscribirse
cliquer	*klike*	hacer clic
une icône	*ün ikon*	un icono

Como es obvio, los franceses también tienen una palabra para designar @, el símbolo presente en las direcciones electrónicas: **aroba** *(aroba)*. La ventaja, una vez más, es que la palabra suena casi como en español. Sin embargo, no hay mucha gente que utilice esta palabra y casi todo el mundo prefiere decir **à** o "at", como en inglés. Finalmente, punto se dice **point** *(puã)*.

EN ESTE CAPÍTULO

Capítulo 9

El transporte: de aquí para allá

Al llegar a un país francófono nos vemos inmediatamente sumergidos en la lengua francesa: el portero, el taxista, los vendedores... todo el mundo nos habla en francés. Los aduaneros nos preguntan el nombre, el lugar de procedencia y el propósito de nuestro viaje. No te preocupes. ¡Para eso está este capítulo! Para que puedas salir del aeropuerto, la estación de tren o el sistema de metro, alquilar un coche, tomar un taxi y pedir indicaciones.

Medios de transporte

Es importante saber desenvolverse en cualquier país francófono al que viajes. ¿Cómo lo logras? Las secciones a continuación presentan frases para ayudarte a llegar donde quieras.

Taxis

Ya sea que acabes de aterrizar y necesites ayuda para encontrar un taxi o que estés buscando uno para moverte por la ciudad, necesitarás las siguientes frases.

- **Où sont les taxis, s'il vous plaît?** *(u sÕ le taksi sil vu plè)* (¿Dónde están los taxis, por favor?)
- **Vous voyez un porteur ou un chariot?** *(vu vuaie ũ portër u ũ shario)* (¿Ve usted un mozo o un carrito?)
- **Bruxelles, hôtel Gillon, s'il vous plaît.** *(brüsel otel ĵilÕ sil vu plè)* (Bruxelles, hotel Gillon, por favor).
- **Avec plaisir. C'est dans quelle rue?** *(avek plezir se dõ kel rü)* (Con gusto. ¿En qué calle está?)
- **Voyons... c'est 22 rue Albert. C'est combien?** *(vuaiÕ se vãdë rü alber se kÕbiã)* (Veamos... es 22 calle Albert. ¿Cuánto vale?)

Palabras para recordar

Se escribe	Se pronuncia	Significa
le séjour	lë seĵur	la estancia
les affaires (f)	lezafèr	los negocios
la semaine	la sëmèn	la semana
vous sortez	vu sorte	usted sale
vous voyez	vu vuaie	usted ve
la porte	la pørt	la puerta
le chariot	lë shario	el carrito
la rue	la rü	la calle
je mets	ĵë mè	pongo / meto
la valise	la valiz	la maleta
le coffre	lë køfr	el maletero
le sac à dos	lë sakado	la mochila

» **Qu'est-ce que c'est le tarif normal?** *(keskë se lë tarif normal)* (¿Cuál es la tarifa habitual?)

» **Je mets les valises dans le coffre?** *(jë me le valiz dõ lë kofr)* (¿Pongo las maletas en el maletero?)

» **Je garde mon sac à dos avec moi.** *(jë gard mÕ sa-kado avek mua)* (yo me quedo con la mochila).

Los trenes

Las estaciones ferroviarias de todo el mundo están repletas de gente, son ruidosas y en ellas hay mucha actividad. Suelen encontrarse allí personas que nos pueden dar indicaciones, tales como policías y empleados de la estación. Las siguientes frases pueden ayudarte a salir de apuros:

» **Pardon, où sont...?** *(pardÕ u sÕ)* (perdón, ¿dónde están...?)

- **les guichets** *(le gishe)* (las taquillas)
- **les quais** *(le ke)* (los andenes)
- **les renseignements** *(le rõseñëmõ)* (el puesto de información)

» **Excusez-moi, où est...?** *(eksküse mua u e)* (disculpe, ¿dónde está...?)

- **la consigne** *(la kÕsiñ)* (la consigna)
- **la salle d'attente** *(la sal datõt)* (la sala de espera)
- **le bureau d'objets trouvés** *(lë büro dobĵe truve)* (la oficina de objetos perdidos)

» **Je voudrais un billet pour Versailles, s'il vous plaît.** *(jë vudrè ũ bie pur versai)* (Quisiera un billete para Versalles, por favor).

» **Aller-simple ou aller-retour?** *(ale sãpl u ale rëtur)* (¿Sólo ida o ida y vuelta?)

- **Aller-retour. Deuxième classe.** *(ale rëtur. Dëzièm klas)* (Ida y vuelta. Segunda clase).
- **Vous avez une correspondance a Issy.** *(vuzave ün korespondõs a isi)* (Tiene que hacer trasbordo en Issy).
- **De quel quai part le train?** *(de kel kè par lë trã)* (¿De qué andén sale el tren?)

Palabras para recordar

Se escribe	Se pronuncia	Significa
le train	lë trã	el tren
la gare	la gar	la estación de tren
la ville	la vil	la ciudad
il prend	il prõ	él toma
le billet	lë bie	el billete
un aller-simple	ünale sãpl	un trayecto de sólo ida
un aller-retour	ünale rëtur	un trayecto de ida y vuelta
la correspondance	la korespondõs	el transbordo
la place	la plas	la plaza / el asiento
la fenêtre	la fënètr	la ventana

El autobús

Si tienes tiempo, viajar en autobús quizás sea la manera más maravillosa de conocer los diferentes **quartiers** *(kartie)* (barrios) de la ciudad, además de permitirte tener contacto con sus habitantes.

No olvides validar tu billete **(composter le billet)** *(kÕposte lë bie)* en una máquina instalada en el autobús para ese propósito. Hay que pagar una multa muy cara si el **contrôleur** *(kÕtrolër)* (supervisor) se sube al autobús y ve que no has validado tu billete. ¡Y los supervisores revisan con frecuencia!

A continuación encontrarás varias frases que te serán de utilidad para coger el autobús indicado:

» **Excusez-moi. C'est bien le bus pour l'hôtel de ville?** *(eksküze mua se biã lë büs pur lotel de vil)* (Perdone. ¿Este es el autobús para ir al ayuntamiento?)

» **Non, il faut prendre le bus numéro 67.** *(nÕ il fo prõdr lë büs nümero suasõtset)* (No, hay que coger el autobús número 67).

» **À quelle heure est-ce qu'il arrive?** *(a kel ër eskil ariv)* (¿A qué hora pasa?)

» **Il passe tous les quarts d'heure, mais il est souvent en retard.** *(il pas tu le kar dër mezil e suvõ õ rëtar)* (Pasa cada cuarto de hora, pero muchas veces se retrasa).

» **Et c'est à combien d'arrêts d'ici?** *(e seta kÕbiã dare disk)* (¿Y a cuántas paradas de aquí queda?)

» **Ce n'est pas très loin, c'est le prochain arrêt.** *(se ne pa trè luã se lë proshãnare)* (No es muy lejos, es la próxima parada).

El metro

Las ciudades europeas de París, Bruselas, Lille y Lyon, así como Montreal, cuentan con sistema de metro. En cada estación hay mapas que facilitan el uso del sistema. En estas ciudades el precio es único, independientemente de la distancia que recorras.

Las siguientes frases pueden servirte para montar en metro:

» **Bonjour. Est-ce que vous avez un plan de métro?** *(bÕjur eskë vuzave ũ plõ dë metro)* (Buenos días. ¿Tiene un mapa del metro?)

- **Pour la Grande Place, c'est quelle ligne?** *(pur la grõd plas se kel liñ)* (¿Cuál es la línea para ir a la Grande Place?)
- **C'est direct avec la ligne 3.** *(se direkt avek la liñ trua)* (Es directo con la línea 3).
- **Combien de temps est-ce qu'il faut?** *(kÕbiã dë tõ eskil fo)* (¿Cuánto tiempo tarda?)

Alquilar un coche

Dependiendo del tipo de viaje que estés planeando, si te gusta conducir y eres una persona curiosa por naturaleza, alquilar un coche será una experiencia sumamente placentera. Puedes parar donde quieras, cambiar de planes cuando el clima lo requiera, y no tendrás que preocuparte pensando que vas a interferir en los planes de nadie. Además, tendrás muchas oportunidades de practicar tu francés.

El primer lugar para ir en ese caso es la oficina de alquiler de coches:

- **Nous avons une réservation pour une voiture.** *(nu zavÕ üne rezervasio pur ün vuature)* (Tenemos una reserva para un coche).
- **C'est pour dix jours?** *(se pur di jur)* (¿Es por diez días?)
- **Nous n'avons pas besoin d'assurance tous risques. C'est couvert avec la carte de crédit.** *(nu navÕ pa bësu ã dasürõs tu risk se cuver avek la kart dë kredit)* (No necesitamos el seguro a todo riesgo. Está cubierto con la tarjeta de crédito).
- **Dans quels pays allez-vous conduire?** *(dõ kel pei ale vu kÕdüir)* (¿En qué países va a conducir?)
- **On met quoi comme carburant?** *(Õ me kua køm karbürõ)* (¿Qué tipo de combustible le ponemos?)
- **Du sans-plomb.** *(dü sõ plõ)* (Gasolina sin plomo).

Palabras para recordar

Se escribe	Se pronuncia	Significa
il arrive	il ariv	llega
il passe	il pas	pasa
à l'heure	a lër	puntual
en retard	õ rëtar	con retraso
un arrêt	ũnare	una parada
la ligne	la liñ	la línea
il aide	il èd	él ayuda
le jour	le ĵur	el día
une assurance tous risques	ün asürõs tu risk	un seguro a todo riesgo
le pays	lë pei	el país
conduire	kÕduire	conducir
rendre	rõdr	devolver (una cosa)

» **Voulez-vous rendre la voiture remplie o vide?** *(vule vu rõndr la vuatur rõpli u vid)* (¿Quieren devolver el coche con el depósito lleno o vacío?)

» **Nous rendons la voiture où?** *(nu rõdÕ la vuatür u)* (¿Dónde devolvemos el coche?)

» **Voilà vos papiers et les clés.** *(vuala vo papie e le kle)* (Aquí están sus papeles y las llaves).

En la mayoría de estaciones de servicio en Europa uno mismo debe ponerse la gasolina, aunque en algunas hay empleados. En caso de necesidad, las siguientes frases pueden sacarte de apuros:

» **Où est-ce qu'il y a une station service?** *(u es kil i a ün stasiÕ servis)* (¿dónde hay una estación de servicio?)

» **Est-ce qu'il y a une station service près d'ici?** *(es* *kil i a ün stasiÕ servis prè disi)* (¿hay una estación de servicio cerca de aquí?)

» **Le plein, s'il vous plaît** *(lë plã sil vu plè)* (lleno, por favor).

» **Du super/de l'ordinaire/du sans plomb/du diesel** *(dü süper/dë lordinèr/dü sõ plÕ/dü diezel)* (súper / normal / sin plomo / diésel)

» **Où est le compresseur pour l'air?** *(u e lë kÕpresër pur l'èr)* (¿dónde está el compresor de aire?)

Paso por el control de pasaportes

El primer requisito para pasar sin problemas por el control de pasaportes es contar con la documentación adecuada. Las siguientes frases te ayudarán a obtener la información a ese respecto:

» **Bonjour. C'est le consulat français?** *(bÕjur se lë kÕsula frõse)* (Buenos días. ¿Es el consulado francés?)

» **Est-ce qu'il faut un visa pour aller en France?** *(eskil fo ũ viza pur ale õ frõs)* (¿Se necesita visado para ir a Francia?)

» **Il faut un passeport valide et c'est tout.** *(il fo ũ paspør valid e se tu)* (Se necesita un pasaporte vigente y nada más).

Mientras esperas tu turno en la fila, puedes leer el siguiente diálogo para darte una idea de lo que pueden preguntarte los aduaneros y para saber qué puedes responder.

» **Bienvenue en France. Allez-vous rester en France pendant votre séjour?** *(biãvenü õ frõs ale* *vu reste en frõs põdõ votr seĵur)* (Bienvenida a Francia. ¿Se va a quedar en Francia durante su visita?)

» **Non, je vais aussi à...** *(nÕ ĵë vè osi a ...)* (No, voy también a...)

» **Et la raison de votre voyage?** *(e la rezÕ dë votr vuaiaĵ)* (¿Y la razón de su viaje?)

» **C'est pour les affaires et le plaisir.** *(Se pur lezafèr e lë plezir)* (Vengo en viaje de negocios y de placer).

» **Combien de temps restez-vous en tout?** *(kÕbi ã dë tõ reste vu õ tu)* (¿Cuánto tiempo se queda en total?)

» **Je vous souhaite un bon séjour!** *(ĵë vu suèt ũ bÕ seĵur)* (Le deseo una feliz estancia).

GRAMÁTICA

Cuando queremos decir que nos vamos a quedar en una ciudad, utilizamos la preposición **à** *(a)*, que, en este caso, equivale a la preposición "en" del español. Para los países, utilizamos la preposición **en** *(õ)* (en), pues la mayoría de países son femeninos [como **la France** *(la frõs)*, **la Suisse** (*la süis*), **l'Italie** *(litali)* y demás]. Sin embargo, algunos países son masculinos [como **le Canada** *(lë kanada)*, **le Portugal** *(lë portügal)*, **les États-Unis** *(le zetazuni)*, **le Pérou** *(lë peru)* y otros], y para ellos se utiliza la preposición **au(x)**. Así, por ejemplo, dirás:

» **Je vais en France, en Suisse et en Italie** *(ĵë vè õ frõs, õ süis e õnitali)* (voy a Francia, a Suiza y a Italia).

» **Je vais au Canada, au Portugal et aux États-Unis** *(ĵë vè o kanada o portügal e ozetazuni)* (voy a Canadá, a Portugal y a Estados Unidos).

Lo más probable es que el aduanero no te detenga, a menos que sea para pedirte el formulario de aduanas. Sin embargo, en caso de que decida hacerte algunas preguntas, quizás el diálogo se desarrolle de la siguiente manera:

Palabras para recordar

Se escribe	Se pronuncia	Significa
contrôle des passeports	kÕtrol de paspør	control de pasaportes
douane	duan	aduana
rien à déclarer	riãna deklare	nada que declarar
marchandises à déclarer	marchõdiz a deklare	mercancías para declarar
marchandises hors taxes	marchõdiz ør taks	mercancías exentas de impuestos

- **Avez-vous quelque chose à déclarer?** *(ave vu kelkë shoz a deklare)* (¿Tiene algo que declarar?)
- **Non. Rien.** *(nÕ riã)* (No, nada).
- **Avez-vous des appareils électroniques?** *(ave vu dezaparei elektronik)* (¿Tiene usted aparatos electrónicos?)
- **Seulement pour mon usage personnel.** *(sëlmõ pur mÕ nuzaĵ personel)* (Solamente para mi uso personal).
- **Pouvez-vous ouvrir votre sac?** *(puve vu uvrir votr sak)* (¿Puede usted abrir su bolso?)
- **Qu'est-ce que c'est que ça?** *(keskë se kë sa)* (¿Qué es esto?)
- **C'est mon ordinateur portable.** *(se mÕ nordinatër portabl)* (Es mi ordenador portátil).
- **Allumez votre ordinateur, s'il vous plaît.** *(alüme votr ordinatër sil vu plè)* (Encienda su ordenador, por favor).

Cómo pedir indicaciones

Se puede dar el caso de que te encuentres en una ciudad de habla francesa y que necesites desesperadamente indicaciones para llegar a alguna parte como la parada del autobús más cercana, el banco o los servicios. Las secciones que encontrarás a continuación te dan frases que te ayudarán a encontrar el camino.

Hacer preguntas con la palabra "dónde"

Las preguntas con la palabra "dónde" **(où)** *(u)* siempre requieren del verbo **être** *(ètr)* (estar). Veamos algunos ejemplos:

» **Où <u>est</u> le Louvre?** *(u e lë luvr)* (¿dónde queda el Louvre?)

» **Où <u>est</u> la place Victor Hugo?** *(u e la plas viktor ügo)* (¿dónde queda la plaza Víctor Hugo?)

» **Où <u>sont</u> les toilettes?** *(u sÕ le tualet)* (¿dónde están los baños?)

También hay otra forma de hacer estas mismas preguntas con el verbo **se trouver** *(së truve)* (encontrarse), que se usa frecuentemente en este contexto:

» **Où <u>se trouve</u> le Louvre?** *(u së truv lë luvr)* (¿dónde se encuentra el Louvre?)

» **Où <u>se trouve</u> la place Victor Hugo?** *(u së truv la plas viktor ügo)* (¿dónde se encuentra la plaza Víctor Hugo?)

» **Où <u>se trouvent</u> les toilettes?** *(u së truv le tualet)* (¿dónde se encuentran los baños?)

En cualquiera de los dos casos, **où** va seguido del verbo y luego del sujeto.

La estructura de esta frase se usa para todos los demás verbos que sigan después de **où**:

- **Où va ce bus?** *(u va së büs?)* (¿adónde va ese autobús?)
- **Où mène cette rue?** *(u mèn set rü)* (¿adónde lleva esta calle?)

Responder preguntas con la palabra "dónde"

Hacer preguntas siempre es fácil. Lo difícil suele ser contestarlas. Como regla general, se utiliza la preposición **à** para significar "hacia" o "en", cuando queremos decir que nos dirigimos hacia una ciudad o que nos encontramos en ella. Por ejemplo:

- **Je vais à Lille** *(ĵë vè za lil)* (voy a Lille).
- **Ils sont à Montréal** *(il sÕt a mÕreal)* (ellos están en Montreal).

Sin embargo, cuando queremos referirnos a ir o estar en cualquier otro tipo de lugar, como un museo, una catedral, etc., debemos agregar un artículo después de **à**. Esto puede prestarse a confusión, pues la preposición **à** junto con el artículo masculino le se contrae y queda **au**. Lo mismo ocurre con el artículo plural **les**, pues la contracción se convierte en **aux**. En las siguientes frases vemos ejemplos de cómo la preposición **à** se mezcla con los diferentes artículos:

- **Sylvie va au (à + le) musée** *(silvi va o müze)* (Sylvie va al museo).
- **Guy veut aller à la cathédrale** *(gi vë ale a la katedral)* (Guy quiere ir a la catedral).

- » **Les Martinez vont à l'église St. Paul** *(le martinez vÕta legliz sã pol)* (los Martínez van a la iglesia St. Paul).
- » **Allez aux (a + les) feux!** *(ale o fë)* (¡vaya hasta los semáforos!)

En ocasiones es posible obtener una respuesta realmente rápida, sobre todo si el lugar que buscamos está justo al frente (no es poco usual que con todo el ruido y la confusión uno pierda a veces la perspectiva). Así, no sería nada raro que al preguntar dónde está la oficina de correos o cualquier otra cosa, te respondan:

- » **Voici la poste... le musée... l'université!** *(vuasi la post lë müse lüniversite* (¡aquí está la oficina de correos... el museo... la universidad!)
- » **Voilà les bureaux!** *(vuala le büro)* (¡aquí están las oficinas!)

Palabras para recordar

Se escribe	Se pronuncia	Significa
ils restent	il rest	quedan / se quedan
elle mène à	el mèn a	lleva / conduce a
ce bus	së büs	este autobús
cette rue	set rü	esta calle
il se trouve	il së truv	se encuentra
la place	la plas	la plaza
les toilettes	le tualet	los baños
le musée	lë muze	el museo
la cathédrale	la katedral	la catedral
l'église	legliz	la iglesia
les feux	le fë	los semáforos

Es muy probable que la respuesta que te den sea aún más corta que las frases anteriores. Por ejemplo:

- **Le voici (=le musée)** *(lë vuasi)* (aquí está).
- **La voilà (=l'université)** *(la vuala)* (aquí está).
- **Les voilà (=les bureaux)** *(le vuala)* (aquí están).

El sustantivo mencionado en la pregunta es reemplazado por **le, la** o **les**, que debe ir antes de **voici** o de **voilà**.

Algo de orientación para pedir indicaciones

¿Y qué pasa si no logras entender las indicaciones que te han dado simplemente porque la persona habla muy rápido o tiene un acento muy fuerte? ¡No te des por vencido! Antes de saber cómo pedir indicaciones más detalladas, piensa lo que vas a decir: ya has llegado hasta este punto y has juntado el valor para preguntar, pero no logras entender a la otra persona. Lo que debes decir ahora es que no has comprendido lo que te han dicho, y pedirle a tu interlocutor que repita la información lentamente. En ese momento te pueden ser de gran ayuda las siguientes frases:

- **Excusez-moi!** *(eksküze mua)* (¡discúlpeme!)
- **Pardon** *(pardÕ)* (perdón)
- **Je ne comprends pas** *(jë në kÕmprõ pa)* (no entiendo)
- **Est-ce que vous pouvez répéter, s'il vous plaît?** *(eskë vu puve repete sil vu plè)* (¿podría repetir, por favor?)
- **Qu'est-ce que vous avez dit?** *(keskë vu zave di)* (¿cómo ha dicho?)
- **Nous voulons aller à pied à Notre Dame. Est-ce que c'est loin?** *(nu vulÕ ale a pie a notr dam eskë se luã)* (Queremos ir caminando a Notre Dame. ¿Está lejos?)

- **Non, c'est à quinze minutes peut-être. Vous sortez de l'hôtel, tournez à gauche et continuez tout droit.** *(nÕ seta kãz minüt pëtetr vu sorte dë lotel turne a gosh e continue tu drua)* (No, queda a quince minutos, tal vez. Salen del hotel, doblan a la izquierda y continúan recto).
- **Et ensuite?** *(e õnsüit)* (¿Y luego?)
- **Vous allez voir la cathédrale après le Pont Neuf.** *(vu zale vuar la katedral apre lë pÕ nëf)* (Verán la catedral después del Pont Neuf).

Las instrucciones

Cuando alguien nos da indicaciones de cómo hacer algo, usa la forma imperativa del verbo. En francés hay dos maneras de dirigirse a la gente: usando el pronombre **tu** o el pronombre **vous**, según el grado de familiaridad o respeto que haya entre los interlocutores.

- **Va au centre!** *(va o sõtr)* (¡ve al centro!)
- **Allez plus vite!** *(ale plü vit)* (¡vaya más rápido / vayan más rápido / id más rápido!)

Palabras para recordar

Se escribe	Se pronuncia	Significa
le centre-ville	lë sõtr vil	el centro de la ciudad
près / loin de	pre/luã dë	cerca / lejos de
allez!	ale	¡vaya!
la gare	la gar	la estación de tren
là-bas	la ba	allá
prenez...!	prëne	¡tome...!

Palabras para recordar

Se escribe	Se pronuncia	Significa
la station de métro	la stasiÕ dë metro	la estación de metro
à deux minutes	a dë minüt	a dos minutos
il y a	il i a	hay
la station-service	la stasiÕ servis	la estación de servicio
à gauche	a gosh	a la izquierda
suivez!	süive	¡siga!
la rue	la rü	la calle
à droite	a druat	a la derecha
j'ai besoin de	jè bëzuã dë	necesito
le croisement	lë cruazmõ	el cruce
tout droit	tu drua	derecho
au bout (de)	o bu dë	al final (de)
nous voulons	nu vulÕ	queremos
à pied	a pie	a pie
peut-être	pëtetr	tal vez
vous sortez	vu sorte	salen
vous tournez	vu turne	voltean / giran
vous continuez	vu kÕtinüe	continúan
ensuite	Õsuit	luego
vous allez voir	vu zale vuar	van a ver
après	apre	después

ADVERTENCIA

Para los verbos terminados en **–er,** se elimina la *s* final en la conjugación de la segunda persona (tu), tal como se ve en la tabla 9-1.

TABLA 9-1 Forma imperativa (informal)

Infinitivo –er	Segunda persona	Imperativo
aller *(ale)* (ir)	**tu vas** *(tü va)* (tú vas)	**va!** *(va)* (¡ve!)
continuer *(kÕtinüe)* (continuar)	**tu continues** *(kÕtinü)* (continúas)	**¡continue!** *(kÕtinü)* (¡continúa!)

Expresar distancias (en tiempo y en espacio)

Podemos usar la preposición **à** para decir cosas como "hasta mañana", "hasta pronto", etc. Esta preposición también se puede usar para expresar a qué distancia quedan las cosas, tal como vemos en las siguientes frases:

- **à deux minutes** *(a dë minüt)* (a dos minutos)
- **à cent mètres** *(a sõ mètr)* (a cien metros)
- **c'est à cent mètres d'ici** *(seta sõ mètr disi)* (queda a cien metros de aquí)
- **c'est à deux kilomètres** *(seta dë kilomètr)* (queda a dos kilómetros)

De norte a sur y de este a oeste

Si decides explorar la campiña francesa en automóvil, en esta sección encontrarás algunas sugerencias sobre cómo pedir indicaciones para salir de problemas si llegas a perderte.

En primer lugar, tienes que aprender a nombrar los puntos cardinales. La tabla 9-2 puede servirte de ayuda.

TABLA 9-2 Puntos cardinales

Dirección	Pronunciación	Significado
nord	*nør*	norte
nord-est	*nør est*	noreste
est	*est*	este
sud-est	*süd est*	sureste
sud	*süd*	sur
sud-ouest	*süd uest*	suroeste
ouest	*uest*	oeste
nord-ouest	*nør uest*	noroeste

Al pedir o dar indicaciones, añade **au** *(o)* (al) o **à l'** *(al)* (al) antes del punto cardinal, tal como se ve en los siguientes ejemplos:

» **Paris est au nord de Nice.** *(pari eto nør de nis)* (París está al norte de Niza).

» **New York est au sud de Montréal.** *(niu iork eto süd de mÕreal)* (Nueva York está al sur de Montreal).

» **Madagascar est au sud-est de l'Afrique.** *(madagaskar eto südest dë lafrik)* (Madagascar está al sureste de África).

» **La Belgique est à l'est de la France.** *(la belĵik eta lest de la frõs)* (Bélgica queda al este de Francia).

Debido a que **ouest** comienza con *o*, que es vocal, debes usar la forma **à l'** en lugar de la contracción **au (à + le = au)**.

» **Oú est le château de Versailles?** *(u e lë shato dë versai)* (¿Dónde queda el palacio de Versalles?)

» **Il se trouve au sud-ouest de Paris.** *(il së truv o südуest de pari)* (Se encuentra al sudoeste de París).

» **C'est loin?** *(se luã)* (¿Está lejos?)

» **C'est à une heure en voiture, à peu près.** *(se ta ün ër õ vuatür a pë prè)* (Queda a una hora en automóvil, más o menos).

Palabras para recordar

Se escribe	Se pronuncia	Significa
le château	lë shato	el castillo / el palacio
n'est-ce pas?	nes pa	¿no es verdad?
une heure	ün ër	una hora
en voiture	õ vuatür	en automóvil
à peu près	a pë prè	más o menos
nous pouvons	nu puvÕ	podemos
on va se téléphoner	Õ va së telefone	nos llamamos
avant	avõ	antes
adieu!	adië	adiós

En caso de que te sientas perdido

¿Qué sucede si te extravías camino de Versalles, por ejemplo? ¿O si dudas de ir en la ruta correcta? En las siguientes frases hay ejemplos de posibles preguntas para ubicar el camino:

» **Est-ce que c'est la bonne route pour Versailles?** *(eskë se la bøn rut pur versai)* (¿este es el camino correcto para ir a Versalles?)

» **Où va cette rue?** *(u va set rü)* (¿adónde lleva esta calle?)

» **Comment s'appelle cette ville?** *(kømõ sapel set vil)* (¿cómo se llama esta ciudad?)

Y las posibles respuestas son:

» **Allez au rond-point** *(ale o rõ puã)* (vaya hasta la glorieta).

» **Passez les feux** *(pase le fë)* (pase el semáforo).

» **Après le bois, prenez à gauche** *(aprè lë bua prëne a gosh)* (después del bosque, doble a la izquierda).

EN ESTE CAPÍTULO

De un cuarto a otro de la casa

La llegada al hotel

El registro como huésped (y la salida)

Capítulo 10

Un lugar para descansar: la casa o el hotel

Ya sea que te hayas pasado el día trabajando en la oficina, de compras o de viaje, al final querrás hacer un alto en el camino y descansar. Este capítulo te presenta las frases que necesitarás para desenvolverte en casa o para encontrar un hotel.

La casa

Puede ser que quieras describir cómo es tu casa en francés o quizás estés de vista en una casa francesa. Sea lo que sea, el vocabulario de esta sección te ayudará a hacerlo.

La tabla 10-1 enumera los cuartos y lugares de una casa:

TABLA 10-1 **Cuartos y lugares de la casa**

Palabra	Pronunciación	Significado
la maison	*la mezÕ*	la casa
l'appartement	*l'apartëmõ*	el apartamento
la cuisine	*la küizin*	la cocina
le living /le salon	*lë living/lë salÕ*	el salón
la salle à manger	*la sal a mõĵe*	el comedor
la chambre?	*la shõbr*	la habitación
la salle de bains	*la sal de bã*	el retrete
la pièce	*la piès*	el cuarto
le grenier / la mansarde	*lë grënie/ la mõsard*	el ático / la mansarda
le couloir	*lë kuluar*	el pasillo
le sous-sol	*susol*	el sótano
l'escalier (m.)	*leskalie*	la escalera
la penderie	*la põdrie*	el armario empotrado
l'étage (m.)	*letaĵ*	la planta o el piso
la rez-de-chausée	*la redshose*	la planta baja
la cheminée	*la shëmine*	la chimenea
le toit	*lë tua*	el tejado
le garage	*le garaĵ*	el garaje
la route	*la rut*	la entrada para el coche
la terrasse	*la teras*	la terraza
le porche	*lë porsh*	el porche

Por supuesto que es una locura tener todos esos cuartos vacíos. La tabla 10-2 te ayuda a llenarlos con muebles:

TABLA 10-2 Muebles y cosas de la casa

Palabra	Pronunciación	Significado
l'étagère (f.)	*letaĵèr*	el estante
le bureau	*büro*	el escritorio
la chaise	*la shèz*	la silla
la commode	*la komod*	la cómoda
le lit	*lë li*	la cama
le couvre-lit	*lë kuvrli*	el cubrecamas
l'oreiller	*loreie*	la almohada
la table de nuit	*la tabl dë nüi*	la mesa de noche
le placard	*lë plakar*	el armario empotrado
le tapis	*lë tapi*	la alfombra
la lampe	*la lõp*	la lámpara
le canapé / le sofa	*lë canape/le sofa*	el canapé / el sofá
le fauteil	*lë fotëi*	el sillón
la pendule	*la põdül*	el reloj
la télé(visión)	*la tele/visiõ*	la televisión
la télécommande	*la telekomõd*	el control remoto
la table (basse)	*la tabl bas*	la mesa de centro
l'évier (m.)	*levie*	el fregadero
le réfrigérateur	*lë refriĵeratër*	el refrigerador
le congélateur	*lë kõĵelatër*	el congelador
la cuisinière	*la küzinièr*	la estufa
le four	*lë fur*	el horno
le lave-vaisselle	*lë lav vesel*	el lavaplatos
le four à micro-ondes	*lë fur a mikroõd*	el horno microondas
la baignoire	*la beñuar*	la bañera
la douche	*la dush*	la ducha
la corbeille	*la korbei*	la papelera
le lavabo	*lë lavabo*	el lavabo

(continúa)

TABLA 10-2 **Muebles y cosas de la casa (continuación)**

Palabra	Pronunciación	Significado
le miroir	*lë miruar*	el espejo
la machine à laver	*la mashin a lave*	la lavadora
le séche-linge	*lë sèsh lã*	la secadora
le plafond	*lë plafõ*	el techo
le plancher	*lë plõshe*	el suelo
le rideau	*lë rido*	la cortina
la fenêtre	*la fënètr*	la ventana
la porte	*la port*	la puerta

ADVERTENCIA

En francés, existe una diferencia entre **la salle de bains** *(la sal de bã)* y **les toilettes** *(le tualet)*. **La salle de bains** significa, literalmente, sala para bañarse. No necesariamente tiene un inodoro. Si lo que buscas es el retrete, debes pedir **les toilettes** o el **W.C.** *(dubl ve se)*.

Las frases que encuentras a continuación se oyen normalmente en una casa:

- **Vous devez m'aider à faire le ménage.** *(vu dëve mède a fèr lë menaĵ)* (Tenéis que ayudarme a arreglar la casa).
- **Je fais mon lit.** *(ĵë fè mÕ li)* (Yo hago mi cama).
- **Je range ma chambre.** *(ĵë rõĵ ma shõbr)* (Yo ordeno mi cuarto).
- **Je passe l'aspirateur dans la salle de séjour.** *(ĵë pas laspiratër dõ la sal dë seĵur)* (yo paso la aspiradora por el salón).
- **Je, nettoie la salle de bains et les toilettes.** *(ĵë netua la sal de bã e le tualet)* (Joséphine, limpia el baño y el inodoro).

Palabras para recordar

Se escribe	Se pronuncia	Significa
faire le ménage	fèr lë menage	hacer la limpieza de la casa
je fais mon lit	ĵë fè mÕ li	yo hago mi cama
je range ma chambre	ĵë rõĵ ma shõbr	yo ordeno mi habitación
passe l'aspirateur	pas laspiratër	pasa la aspiradora
la salle de séjour	la sal dë seĵur	el salón
nettoie la salle de bains et les toilettes	netua la sal de bã e le tualet	limpia el baño y el inodoro
mettez la table	mete la tabl	poned la mesa
fais la cuisine	fè la küisin	cocina
fais un gâteau	fè ũ gato	haz un pastel
fais la vaisselle	fè la vesèl	lava los platos

En busca de un hotel

A la hora de buscar un hotel, tienes muchas opciones entre las cuales escoger:

» **hôtels** *(otel)* u **hôtels de turisme** (*otel de turism)* (hoteles).

» **hotel garni** *(otel garni)* es un hotel que ofrece cama y desayuno.

» **maison de logement** *(mezÕ dë loĵmõ)* designa un hotel pequeño, en la zona francesa de Canadá.

» **pension (de famille)** *(põsiÕ dë fami)* es un hotel pequeño en Europa.

También se los conoce como **logis** *(loĵi)* o como **auberge** *(oberĵ)*.

» **châteaux-hôtels** *(shato otel)*, que son hoteles de lujo.

» **gîtes ruraux** *(jit rüro)*, casas de campo amuebladas, viviendas rurales.

Tal vez te preguntes cómo debes dirigirte al personal del hotel, especialmente en lo que respecta a las preguntas sobre las habitaciones. El apelativo para el personal masculino del hotel es **Monsieur**; para el personal femenino se usa **Madame** o **Mademoiselle**. También se aplica a los camareros. En la actualidad, la palabra **garçon** *(garsÕ)* (muchacho) se considera inadecuada y pasada de moda.

Las siguientes son frases a las que te puedes enfrentar cuando pidas una habitación en un hotel:

» **Bonjour. Je voudrais une chambre pour deux personnes.** *(bÕ jur jë vudrè ün shõbr pur dë person)* (Buenos días. Quisiera una habitación para dos personas).

» **Je regrette. L'hôtel est complet.** *(jë regret lotel ekÕple)* (Lo siento. El hotel está lleno).

» **Est-ce qu'il y a un autre hôtel près d'ici?** *(es kil i a ũ notr otel prè disi)* (¿Hay otro hotel cerca de aquí?)

» **C'est combien par nuit?** *(se kÕbiã par nüi)* (¿Cuánto cuesta la noche?)

» **Est-ce qu'on peut voir la chambre?** *(eskÕ pë vuar la shõbr)* (¿Podemos ver la habitación?)

» **Nous voulons une chambre avec des lits jumeaux.** *(nu vulÕzün shõbr avek de li jümo)* (Queremos una habitación con camas separadas).

» **Je veux une chambre double avec douche (avec baignoire)** *(jë vë ün shõbr dubl avek dush sãkõt ëro, avek beñuar suasõt dis ëro)* (Quiero una habitación doble con ducha con bañera).

- **Côté cour ou côté rue?** *(kote kur u kote rü)* (¿Con vista al jardín o a la calle?)
- **Le rez-de-chaussé nous convient.** *(lë redshose nu kÕviã)* (La planta baja nos va bien).

Palabras para recordar

Se escribe	Se pronuncia	Significa
la chambre	la shõbr	la habitación
complet	kÕple	lleno
près d'ici	prè disi	cerca de aquí
un autre	ũnotr	otro
par nuit	par nüi	por noche
une chambre double	ün shõbr dubl	una habitación doble
des lits jumeaux	de li ĵümo	camas separadas
la douche	la dush	la ducha
la baignoire	la beñuar	la bañera
un lit	ũ li	una cama
côté cour	kote kur	con vista al jardín
je vérifie	ĵë verifi	estoy comprobando
ça coûte	sa kut	cuesta

Registrarse en el hotel y luego salir de él

Cuando llegamos al hotel, tenemos que rellenar un formulario que contiene los siguientes datos:

Cuando estés preparado para seguir a la habitación, estas frases pueden serte de utilidad:

TABLA 10-3 Datos para registrarse

Palabra	Pronunciación	Significado
nom / prénom	*nÕ / prenÕ*	apellido / nombre
lieu de résidence	*lië dë rezidõs*	lugar de residencia
rue / numéro	*rü / nümero*	calle / número
ville / code postal	*vil/ kød postal*	ciudad / código postal
état / pays	*eta/pei*	estado / país
numéro de téléphone	*nümero dë telefon*	número de teléfono
nationalité	*nasionalite*	nacionalidad
date / lieu de naissance	*dat / lië dë nesõs*	fecha / lugar de nacimiento
numéro de passeport	*nümero dë paspør*	número de pasaporte
signature	*siñatür*	firma
numéro d'immatriculation de la voiture	*nümero dimatrikülasiÕ dë la vuatü*	número de matrícula del coche
pays	*pei*	país

» **Nous prenons la chambre au troisième étage.** *(nu prënÕ la bel shõbr o truazièm etaĵ)* (Vamos a coger la habitación del cuarto piso).

» **Veuillez remplir cette fiche, s'il vous plaît, et j'ai besoin de vos passeports.** *(vëie rõplir set fish sil vu plè e jè bësuã dë vo paspør)* (Por favor, rellene este formulario, y necesito sus pasaportes).

» **L'ascenseur est à gauche.** *(lasõsër eta gosh)* (El ascensor está a la izquierda).

» **À quelle heure fermez-vous la porte principale?** *(a kel ër ferme vu la port prãsipal)* (¿A qué hora cierran la puerta principal?)

» **À quelle heure faut-il libérer la chambre?** *(akel

ër fotil libere la shõbr) (¿A qué hora hay que desocupar la habitación?)

A la mañana siguiente, cuando vayas a dejar el hotel y continuar tu viaje, puede ser que oigas alguna de las siguientes frases:

- **Je peux laisser mes bagages ici jusqu'à seize heures?** *(ĵë pë lese me bagaĵ isi ĵüska sèz ër)* (¿Puedo dejar mis maletas aquí hasta las cuatro de la tarde?)
- **Voulez-vous la note maintenant?** *(vule vu la nøt mãtnõ)* (¿Quiere la factura ahora?)
- **Vous acceptez les cartes de crédit, n'est-ce pas?** *(vu zaksepte le kart dé kredi nes pa)* (Ustedes aceptan tarjetas de crédito, ¿no es cierto?)
- **Pouvez-vous m'appeller un taxi, s'il vous plaît?** *(mersi puve vu mapële ũ taksi sil vu plè)* (¿Podría llamarme un taxi, por favor?)

Palabras para recordar

Se escribe	Se pronuncia	Significa
veuillez remplir	vëie rõplir	por favor, rellene
la fiche	la fish	el formulario
j'ai besoin de	jè bësuã dë	necesito
à quelle heure?	a kel ër	¿a qué hora?
vous fermez	vu ferme	cierran
la porte principale	la port prãsipal	la puerta principal
à minuit	a minüi	a medianoche
toujours	tuĵur	en cualquier momento / siempre
vous pouvez sonner	vu puve sone	puede tocar el timbre
il faut libérer la chambre	il fo libere la shõbr	hay que desocupar la habitación

Palabras para recordar

Se escribe	Se pronuncia	Significa
avant midi	avõ midi	antes del mediodía
je peux laisser	ĵë pë lese	puedo dejar
le bagage	lë bagaĵ	las maletas
jusqu'à	ĵüska	hasta
là-bas	la ba	allá
au coin	o kuã	en la esquina
la note	la nøt	la factura
un coup de téléphone	ũ ku de telefon	una llamada telefónica
vous acceptez	vu zaksepte	aceptan
le reçu	lë resü	el recibo
vous pouvez appeler	vu puve apële	usted puede llamar

EN ESTE CAPÍTULO

Recibir ayuda médica

Hablar con un médico

Pedirle ayuda a la policía

Capítulo 11

Hacer frente a las emergencias

Este capítulo aborda las emergencias, que son situaciones nada agradables, pero más vale saber cómo hacerles frente. La primera sección trata de asuntos de salud, urgencias y otros inconvenientes cotidianos. La segunda sección se ocupa de asuntos legales.

Recibir ayuda médica

Vayas al país que vayas, cuando eres turista la gente es muy colaboradora en los casos de emergencia y te dan la mano en lo que necesitas. Las personas que se te acercan tratan de ayudarte hablando algo de español o buscando a alguien que lo hable. Pero nunca está de más saber algunas frases en francés.

En caso de accidentes

A continuación presentamos algunas frases que pueden serte de utilidad en una situación de emergencia:

- **Est-ce qu'il y a quelqu'un qui parle espagnol?** *(eskil i a kelkũ ki parl español)* (¿hay alguien que hable español?)
- **Est-ce qu'il y a un docteur / une infirmière qui parle espagnol?** *(eskil i a ũ doktër/ün ãfirmièr ki parl español)* (¿hay un médico / una enfermera que hable español?)
- **À l'aide! Vite!** *(alèd vit)* (¡ayúdenme, rápido!)
- **Au secours!** *(oskur)* (¡auxilio!)
- **Au feu!** *(o fë)* (¡fuego!)

Si estás en medio de un accidente, estas frases pueden resultar cruciales:

- **Pouvez-vous nous aider, s'il vous plaît?** *(puve vu nuzede sil vu plè)* (¿Pueden ayudarnos, por favor?)
- **Appelez un docteur!** *(apële ũ doktër)* (¡Llamen a un doctor!)
- **Cet homme est blessé.** *(setøm e blese)* (Este hombre está herido).
- **Il saigne et il a perdu connaissance.** *(il señ e il a perdü conesõs)* (Está sangrando y está inconsciente).
- **Il s'est évanoui.** *(il se tevanui)* (Ha perdido el sentido).
- **Il y a eu une collision.** *(il i a ü ün koliziÕ)* (Ha habido un choque).
- **Où avez-vous mal?** *(u ave vu mal)* (¿Dónde le duele?)
- **Ne bougez pas.** *(në buĵe pa)* (No se mueva).
- **Est-ce que ça fait mal?** *(eskë sa fè mal)* (¿Le duele?)
- **Je vais appeler une ambulance.** *(ĵë vè apële ün õbulõs)* (Voy a llamar una ambulancia).

Otras palabras que surgirán en situaciones de emergencia son:

- **un hôpital** *(ũnopital)* (un hospital)
- **les urgences** *(lezürĵõs)* (urgencias)
- **le / la secouriste** *(lë / la sëkurist)* (el socorrista)

Qu'est-ce qu'il s'est passé? *(keskil se pase)* (¿qué ha pasado?) es una expresión idiomática usada muy corrientemente en francés. **Ça fait mal!** *(sa fè mal)* (¡duele!) es otra expresión que vale la pena memorizar, pues se puede necesitar en algún momento.

En francés, como en español, se pone alguno de los artículos definidos (**le**, **la**, **les**) antes de las partes del cuerpo:

- **Il ouvre les yeux** *(il uvr lezië)* (está abriendo los ojos).
- **Il s'est cassé la jambe** *(il se kase la ĵõb)* (se ha visto la pierna).

Cuando queremos decir que una parte del cuerpo nos duele, utilizamos la preposición **à** unida al artículo. Si el artículo es masculino se convierte en **au**, si es plural se convierte en **aux**. Decimos, entonces, **j'ai mal à la / au / aux** + la parte del cuerpo que nos duele. Se utiliza, además, el verbo **avoir** *(avuar)* (tener). Veamos algunos ejemplos:

- **J'ai mal à la jambe** *(ĵè mal a la ĵõb)* (me duele la pierna).
- **Elle a mal aux yeux** *(el a mal ozië)* (a ella le duelen los ojos).

TABLA 11-1 Las partes del cuerpo

Palabra	Pronunciación	Significado
le bras	*lë bra*	el brazo
la main	*la mã*	la mano
le doigt	*lë dua*	el dedo
le nez	*lë ne*	la nariz

(continúa)

TABLA 11-1 Las partes del cuerpo (continuación)

Palabra	Pronunciación	Significado
les côtes (f)	*le kot*	las costillas
le pied	*lë pie*	el pie
la figure	*la figür*	la cara
un oeil, les yeux	*ũ nëi / leziё*	un ojo, los ojos
une oreille	*ün orei*	una oreja
le cou	*lë ku*	el cuello
une épaule	*ün epol*	un hombro
la poitrine	*la puatrin*	el pecho
le genou	*lë ĵënu*	la rodilla
un orteil	*ũn ortei*	un dedo del pie

En el hospital

En caso de que tenga que examinarte un médico en el hospital, estás frases pueden resultar útiles:

- **La coupure n'est pas grave.** *(la kupür ne pa grav)* (El corte no es grave).
- **Nous allons faire une radio de la jambe.** *(nuzalÕ fèr ün radio de la ĵõb)* (Vamos a hacer una radiografía de la pierna).
- **Voilà la fracture. Oui, vous vous êtes cassé la jambe.** *(vuala la fraktür ui vu vuzet case la ĵõb)* (Aquí está la fractura. Sí, usted se ha roto la pierna).
- **Il vous faut un plâtre.** *(nÕ mè il vu fo ũ platr)* (No, pero habrá que escayolarla).

CONSEJO

Diles a los médicos y a los residentes de medicina si tú o tu compañero de viaje tenéis algún factor de riesgo médico. Hazlo en frases como las siguientes:

- **Je suis cardiaque** *(ĵë süi kardiak)* (sufro del corazón).
- **J'ai eu une crise cardiaque il y a deux ans** *(ĵè ü ün kriz kardiak il i a dëzõ)* (hace dos años tuve un infarto).
- **J'ai de l'hypertension** *(ĵè dë lipertõsiÕ)* (soy hipertenso).
- **Je suis diabetique / allergique à...** *(ĵë süi diabetik / alerĵik a)* (soy diabético / alérgico a...)

Palabras para recordar

Se escribe	Se pronuncia	Significa
un bleu	ũ blë	un moretón / un cardenal
une égratignure	ün egratiñur	un raspón
une brûlure	ün brülür	una quemadura
une fracture	ün fraktür	una fractura
une coupure	ün kupür	un corte

Cuando los problemas de salud no son de urgencia

¿Qué sucede si necesitas concertar una cita con el médico para algo que no es una emergencia?

CONSEJO

En caso de tener gripe, tos, indigestión o diarrea, hay que consultar a un farmacéutico. En Francia, los farmacéuticos pueden recetar ciertos medicamentos. Quizás alguna de las siguientes frases te sirva para describir tu afección:

- **Pourriez-vous me donner un conseil?** *(purie vu më done ũ kÕsei)* (¿Podría darme un consejo?)

- **J'ai très mal à la tête** *(jè trè mal a la tèt)* (Me duele mucho la cabeza).
- **J'ai le nez bouché** *(jè lë ne bushe)* (Tengo la nariz tapada).
- **J'ai un gros rhume** *(jè ũ gro rüm)* (Tengo una gripe muy fuerte).
- **J'ai la diarrhée** *(jè la diare)* (Tengo diarrea).
- **Je suis constipé** *(jë süi kÕstipe)* (Estoy estreñido).

Por otra parte, si necesitas que te vea un médico, el farmacéutico tendrá mucho gusto en darte los datos de alguno, o de llamarlo a su consultorio. Algunas de las frases que el doctor o tú podéis usar en el consultorio son las siguientes:

- **Est-ce que je pourrais prendre un rendez-vous le plus tôt possible?** *(eskë jë pure prõdr ũ rõde vu lë plü to posibl)* (¿Podría darme una cita lo más pronto posible?)
- **De quoi souffrez-vous?** *(dë kua sufre vu)* (¿Qué problema tiene?)
- **Pouvez-vous venir tout de suite?** *(puvevu vënir tudsüit)* (¿Puede venir ahora mismo?)
- **Depuis quand vous sentez-vous comme ça?** *(dëpüi kõ vu sõte vu køm sa)* (¿Desde cuándo se siente así?)
- **Avez-vous perdu l'appétit?** *(ave vu perdü lapeti)* (¿Perdió el apetito?)
- **Reposez-vous bien pendant quelques jours.** *(rëpoze vu biã põdõ kelk jur)* (Descanse durante algunos días).
- **Est-ce que vous prenez des médicaments?** *(eskë vu prëne de medikamõ)* (¿Toma medicamentos?)
- **Je suis allergique à l'aspirine.** *(jë süizalerjik alaspirin)* (Soy alérgica a la aspirina).

- **Voilà une ordonnance... en cas de douleurs.** *(vuala ün ordonõs õ ka dë dulër)* (Aquí tiene una receta... en caso de que tenga dolor).
- **Prenez un comprimé toutes les quatre heures et revenez dans trois jours.** *(prëne ũ kÕprime tut le katr ër e rëvëne dõ trua ĵur)* (Tómese un comprimido cada cuatro horas y vuelva en tres días).

La tabla 11-2 enumera otros síntomas y afecciones que puedes llegar a presentar.

TABLA 11-2 Enfermedades

Palabra	Pronunciación	Significado
une maladie	*ün maladi*	una enfermedad
la grippe	*la grip*	la gripe
les amygdales (f)	*le zamigdal*	las amígdalas
une appendicite	*ün apõdisit*	una apendicitis
une intoxication alimentaire	*ün ãtoksikasiÕ alimõtèr*	una intoxicación alimentaria
s'étouffer	*setufe*	asfixiarse
la rougeole	*la ruĵol*	sarampión
une apoplexie	*ün apopleksi*	una apoplejía
une sciatique	*ün sciatik*	una ciática
une insolation	*ün ãsolasiÕ*	una insolación
l'asthme	*lasme*	el asma
l'arthrite (f)	*lartrit*	la artritis
un torticolis	*ũ tortikoli*	una tortícolis
une rage de dents	*ün raĵ dë dõ*	un dolor de muelas
la douleur	*la dulër*	el dolor
une commotion cérébrale	*ün komosiÕ cerebral*	una conmoción cerebral

Si tuvieras que visitar al dentista, estas frases podrían resultarte útiles:

- **Cette dent me fait mal.** *(set dõ më fè mal)* (Esta muela me duele).
- **Le plombage est tombé.** *(lë plõbaĵ e tÕbe)* (Se le cayó el empaste).
- **Pourriez-vous le remplacer tout de suite?** *(purie vu lë rõplase tudsüit)* (¿Podría reemplazarlo ya mismo?)
- **Je peux seulement vous donner un traitement provisoire.** *(ĵë pë sëlmõ vu done ũ tretmõ provisuar)* (Solamente puedo hacerle un tratamiento provisional).
- **Faites-moi une anesthésie locale.** *(fetmua ün anestezi lokal)* (Póngame anestesia local).
- **Vous pouvez vous rinser, s'il vous plaît.** *(vu puve vu rãse sil vu plè)* (Puede enjuagarse, por favor).
- **Ne mangez pas pendant quatre heures.** *(në mõĵe pa põdõ katr ër)* (No coma durante cuatro horas).

Obtener ayuda legal

Lo más probable es que nunca necesites la ayuda del cónsul de tu país cuando viajes al extranjero, pero es importante saber lo siguiente: las leyes del país que estamos visitando valen para todo aquel que pise ese suelo, incluyendo a los extranjeros, sin importar si en su país de origen se aplica el mismo tipo de ley o no. Por eso, si tienes problemas, la persona que te puede ayudar es el cónsul, más que un abogado.

Si tienes la intención de quedarte varios meses, es una buena idea registrarse en el consulado de tu país de origen. En caso de emergencia, el cónsul es la persona más indicada para ayudarte.

Palabras para recordar

Se escribe	Se pronuncia	Significa
vous souffrez	vu sufre	usted padece
je me sens bien	jë më sõ biã	me siento bien
tout de suite	tudsüit	ya mismo
depuis hier	dëpüi ier	desde ayer
quelques jours	kelkë jur	algunos días
provisoire	provizuar	provisional
une ordonnance	ün ordonõs	una receta (médica)
un comprimé	ũ kÕprime	un comprimido
un généraliste	ũ jeneralist	un médico general
un dentiste	ũ dõtist	un dentista
une piqûre	ün pikür	una inyección
un calmant	ũ kalmõ	un calmante
une de mes lentilles contact	ün dë me lõti dë kÕtak	una de mis de lentes de contacto
les lunettes (f)	le lünet	las gafas
un verre	ũ ver	una lente

Accidentes

Esperamos que nunca tengas que echar mano de la siguiente lista, pero si te encuentras en una situación que precise su uso, habrá valido la pena darle una ojeada:

» **il y a eu un accident** *(il i a ü ũnaksidõ)* (ha habido un accidente)

- **sur l'autoroute** *(sür lotorut)* (en la autopista)

- **la route** *(la rut)* (la carretera)
- **près de** *(prè dë)* (cerca de)
- **appelez...!** *(apële)* (¡llamen a...!)
- **une ambulance** *(ün õbülõs)* (una ambulancia)
- **un docteur** *(ũ doktër)* (un médico)
- **les pompiers** *(le pÕpie)* (los bomberos)
- **la police** *(la polis)* (la policía)

Cuando llegue la policía, probablemente te harán muchas preguntas como:

» **Est-ce que je peux voir votre...?** *(eskë jë pë vuar votr)* (¿puedo ver su...?)

- **permis de conduire** *(permi dë kÕdüir)* (permiso de conducir).
- **certificat d'assurance** *(sertifika dasürõs)* (certificado de seguro).
- **carte grise** *(kart griz)* (documento de registro del vehículo).

» **Quel est votre nom et adresse?** *(kel e votr nÕ e adres)* (¿cuál es su nombre y su dirección?)

» **À quelle heure est-ce que ça s'est passé?** *(a kel ër ekë sa se pase)* (¿a qué hora ha ocurrido?)

» **Est-ce qu'il y a des témoins?** *(eskil i a de temuã)* (¿hay testigos?)

También es posible que surjan frases como las siguientes, y será bueno poder comprenderlas:

» **Vos feux ne marchent pas** *(vo fë në marsh pa)* (las luces de su automóvil no funcionan).

» **Vous devez payer une amende** *(vu deve peie ün amõd)* (usted debe pagar una multa).

» **Vous devez venir au commissariat pour faire**

une déposition *(vu déve vënir o komisaria pu fèr ün depozisiÕ)* (tiene que venir a la comisaría para prestar declaración).

Una vez en la comisaría, es posible que necesites decir algunas cosas. Las siguientes frases quizás te ayuden a explicar la situación:

» **Il m'est rentré dedans** *(il me rõtre dedõ)* (él chocó contra mí).

» **Elle conduisait trop vite / près** *(el kÕdüize tro vit / prè)* (ella conducía muy rápido / cerca).

» **J'ai fait ... kilomètres à l'heure** *(ĵè fè ... kilomètr a lër)* (yo iba a ... kilómetros por hora).

» **Je voudrais un interprète/un avocat** *(ĵë vudrè ũninterprèt / ũnavoka)* (quisiera un intérprete / un abogado).

Robo o agresión

Las siguientes palabras sirven para llamar la atención de los demás cuando nos encontramos en una situación de peligro:

» **À l'aide** *(alèd)* (¡auxilio!)

» **Au secours** *(osëkur)* (¡auxilio!)

» **Arrêtez-le/a** (*aretelë / aretela*) (¡agárrenlo / a!)

» **Au voleur!** *(o volër)* (¡al ladrón!)

» **Police!** *(polis)* (¡policía!)

Es necesario ir a denunciar los hechos a un **commissariat de police** *(komisaria dë polis)* (comisaría de policía) si el accidente ha ocurrido en una ciudad grande, o a una **gendarmerie nationale** *(ĵõdarmëri nasional)* (policía nacional) en los pueblos pequeños.

Quizás te sea de mucha utilidad saber formular esta pregunta a algún transeúnte:

» **Où est le commissariat de police le plus proche?** *(u e le komisaria dë polis lë plü prosh)* (¿dónde queda la comisaría de policía más cercana?)

Al llegar a la comisaría de policía, probablemente tendrás que decir alguna de las siguientes frases:

» **Est-ce qu'il y a quelqu'un qui parle espagnol?** *(eskil i a kelkũ ki parl español)* (¿hay alguien que hable español?)

» **Je veux signaler...** *(ĵë vë siñale)* (quiero denunciar...)

- **un accidente** *(ũ aksidõ)* (un accidente).
- **une attaque** *(ün atak)* (un asalto).
- **une agression** (ün agresiÕ) (una agresión).
- **un viol** *(ũ viol)* (una violación).
- **un cambriolage** *(ũ kõbriolaĵ)* (un robo en una casa).
- **un vol** *(ũ vol)* (un robo).

» **Mon enfant a disparu** *(mÕnõfõ a disparü)* (mi hijo ha desaparecido).

» **Voilà une photo** *(vuala ün foto)* (aquí hay una foto).

» **Quelqu'un me suit** *(kelk ũ më süi)* (alguien me sigue).

A continuación encontrarás una lista de objetos que esperamos que nunca te roben:

» **On m'a volé** *(Õ ma vole)* (me han robado...)

- **mon appareil de photo** *(mÕnaparei dë foto)* (mi cámara fotográfica).
- **mes cartes de crédit** *(me kart dë kredi)* (mis tarjetas de crédito).
- **mon sac** (*mÕ sak)* (mi bolso).
- **mon argent** (*mÕ argent)* (mi dinero).

- **mon passeport** (*mÕ paspør*) (mi pasaporte).
- **mon porte-monnaie** (*mÕ portmone)* (mi cartera).
- **ma montre** *(ma mÕntr*) (mi reloj).
- **ma bicyclette** *(ma bisiklet)* (mi bicicleta)
- **ma voiture** *(ma vuatür)* (mi coche).

Quizás la policía quiera saber más detalles y te haga las siguientes preguntas:

» **Qu'est-ce qui vous manque?** *(keski vu mõk)* (¿qué le falta?)

» **Ça s'est passé quand?** *(sa se pase kõ)* (¿cuándo ha ocurrido eso?)

» **Où logez vous?** *(u loĵe vu)* (¿dónde está alojado?)

» **Où étiez vous à ce moment-là?** *(u etie vu a së momõ la)* (¿dónde estaba usted en ese momento?)

» **Pouvez-vous décrire la personne?** *(puve vu dekrir la person)* (¿puede usted describir a la persona?)

» **C'était quelqu'un...** *(sete kelkũ)* (era una persona...)

- **aux cheveux blonds/bruns/roux/gris** *(o shëvë blÕ / brũ /ru / gri)* (de pelo rubio / castaño / rojo / canoso).
- **un peu chauve** *(ũ pë shov)* (un poco calva).
- **grand/petit/mince/gros** *(grõ / pëti / mãs / gro)* (alta / baja / delgada / gorda).
- **d'environ ... ans** *(dõvirÕ...õ)* (de alrededor de ... años de edad).

Como extranjero, puede que encuentres muy difícil hacer frente por ti solo a ciertas situaciones y que necesites ayuda. Estas frases sirven para esos casos:

- **J'ai besoin d'un avocat qui parle espagnol** *(jè bësuã dũ navoka ki parl español)* (necesito un abogado que hable español).
- **Je dois contacter le consulat** *(jë dua kÕtakte lë kÕsula)* (tengo que contactar con el consulado).
- **Je voudrais téléphoner à un ami / une amie en ville** *(jë vudrè telefone a ũnami / ünami õ vil)* (quisiera hablar con un amigo / una amiga que vive en la ciudad).

Capítulo 12

Diez expresiones francesas comunes

Una vez que te hayas familiarizado un poco con el idioma, te sentirás muy a gusto utilizando expresiones que vienen como anillo al dedo en ciertas situaciones concretas. Es posible que ya hayas escuchado algunas de estas:

C'est un fait accompli

(se tũ fè akÕpli)

Esto significa "es un hecho cumplido" o "es cosa hecha". Se utiliza cuando nos hallamos ante una situación o un hecho que no puede deshacerse o respecto al cual no es posible echar marcha atrás.

Quel faux pas

(kel fo pa)

A los hispanohablantes no nos resulta del todo ajena esta expresión, pues en español decimos "dar un paso en falso", que, dicho en términos más familiares, se convierte en "meter la pata". Utilizamos esta expresión francesa cuando cometemos un error en materia de etiqueta, o al hablar, o en los modales.

Comme il faut

(køm il fo)

La traducción literal de esta frase es "como debe ser". Se utiliza para referirse a una persona muy correcta o cuando una cosa es tal como se esperaría que debe ser.

Bon appétit!

(bÕnapeti)

La traducción correcta al español es "¡buen provecho!". La idea tras esta frase es desearle a la otra persona que disfrute del placer de comer sus alimentos con buen apetito.

Quelle horreur!

(kel orër)

¿Algo te produce mucho disgusto o rechazo? "¡Qué horror!" Di esta frase en situaciones que consideres inaceptables o intolerables.

Oh, là là! La catastrophe!

(o la la la katastrof)

Esta expresión la utiliza, a modo de juego, una persona que no se toma muy en serio la consideración que hace otra sobre la gravedad de una situación.

À tout à l'heure!

(a tutalër)

Esta expresión significa "nos vemos en un rato". No sirve para despedirnos de alguien a quien veremos al día siguiente, sino en poco tiempo.

C'est la vie!

(se la vi)

La vida tiene cosas inexplicables y no podemos hacer mayor cosa al respecto. ¡Así es la vida! ¡Qué le vamos a hacer!

Comme ci, comme ça

(køm si køm sa)

Quiere decir "más o menos". La usamos cuando queremos decir que algo nos parece regular, ni muy bueno ni muy malo.

C'est le ton qui fait la musique!

(se lë tÕ ki fè la müsik)

Esta frase quiere decir, literalmente, "es el tono el que hace la música". Significa que lo importante al hablar no es tanto el contenido de las frases como el tono con que se dicen.

Capítulo 13

Diez frases que te harán parecer un hablante nativo

En el capítulo 12 se encuentran expresiones típicas francesas que prácticamente todo aquel que habla francés conoce y emplea. Las frases que presentamos en este capítulo van un poco más allá, pues están profundamente arraigadas en el uso cotidiano. Si las empleas, todo el mundo creerá que eres un hablante nativo del francés.

Ça m'a fait très plaisir! / C'était genial!

(sa ma fè trè plezir) (sete ĵenial)

Estas son dos maneras de expresar la emoción o la profunda satisfacción por algo. La primera de ellas significa "me dio mucho gusto" y la segunda "estuvo genial". Cuando queremos decir que a una tercera persona le dio mucho gusto algo y que realmente le encantó, podemos decir: **Ça lui a fait très plaisir** *(sa lui a fè trè plezir)*.

Passez-moi un coup de fil!

(pase mua ũ ku dë fil)

Es una forma muy francesa de decir "hágame una llamada". Por supuesto que también podríamos decir **appelez-moi!** *(apële mua)* o **téléphonez-moi** *(telefone mua)*, pero eso no sonaría tan deliciosamente francés.

Algunas variaciones de esa frase, según las personas que van a ejecutar la acción, son las dos siguientes:

Passez-nous un coup de fil!

(pase nu ũ ku dë fil)

En este caso, queremos que a nosotros nos llamen por teléfono: "háganos una llamada".

Je vais vous / lui / leur passer un coup de fil

(jë vè vu / lüi / lër pase ũ ku dë fil)

Soy yo, en esta frase, quien va a llamar por teléfono a otras personas. "Yo voy a llamarlo a usted / a él / a ellos".

On y va! / Allons-y!

(oniva/alÕzi)

Esta expresión significa "¡vamos!" o "¡andando!". Con la estructura de la segunda frase, se puede dar la orden a distintas personas: **Allez-y!** *(alezi)* (¡vaya!) o **vas-y!** *(vazi)* (¡ve!)

Je n'en sais rien

(jë nõ se riã)

Significa "no tengo ni idea", respecto a algo que ya se ha mencionado en la frase. En la conversación informal no se dice la frase completa sino una versión abreviada: **J'en sais rien** *(jõ se riã)*. Desde el punto de vista gramatical, esta es una frase incorrecta, pero ¡qué le vamos a hacer si es lo que suele decirse en el habla cotidiana!

Mais je rêve!

(me jë rèv)

Esta frase la pronunciamos cuando sucede algo que nos parece increíble. Literalmente significa "pero estoy soñando". Es una expresión que ha adquirido mucha popularidad en años recientes, quizás porque sirve para diversos niveles de sorpresa, ya sea buena o mala. Se puede utilizar con cualquier pronombre. Por ejemplo, le puedes decir a una amiga: **Mais tu rêves!** *(me tü rèv)* (¡estás loca!), si te sale con una propuesta descabellada. Si te quieres referir a varias personas, di: **Mais ils / elles rêvent** *(me il / el rèv)* (¡están locos!).

Quel amour de petit garçon!

(kel amur dë pëti garsÕ)

Podríamos traducir literalmente esta frase como "¡qué amor de niño!" También se puede decir (señalando a un niño, o a una mascota) **quel amour!** *(kel amur)*, y todos los presentes quedarán sorprendidos con la calidad de tu francés (aunque quizás el niño no les parezca tan adorable).

Vous n'avez pas le droit

(vu nave pa lë drua)

Aunque esta frase significa literalmente "usted no tiene derecho", la manera de decirlo en español es "está prohibido". También con esta frase se pueden utilizar los pronombres y los tiempos verbales que más nos convengan. Por ejemplo, un padre le puede decir a su hijo adolescente: **Tu n'as pas le droit de sortir ce soir** *(tü na pa lë drua dë surtir se suar)* (tienes prohibido salir esta noche).

Tu cherches midi à 14h

(tü shersh midi a katorz ër)

Si nos pusiéramos a traducir literalmente esta frase, el resultado sería algo así como "tú buscas el mediodía a las dos de la tarde". ¿Te ha quedado claro? ¡Por supuesto que no! Vamos a explicar un poco: esta es una frase muy utilizada por los franceses, que quiere decir que no hay que complicarse más de lo necesario, o que la persona a quien nos dirigimos ha perdido el sentido de la perspectiva de las cosas; también es posible decirlo sin hacer referencia directa a nadie: **Il ne faut pas chercher midi à 14h** *(il në fo pa shershe midi a katorz ër).* Para expresar esta misma idea, en español decimos una frase igualmente extraña: "no hay que buscarle tres pies al gato".

Je veux acheter une bricole

(jë vë ashte ün brikøl)

Significa "quiero comprar una cosita". La palabra que hace tan simpática esta frase es **bricole**, que se aplica a cualquier objeto no muy grande, comestible o no, que a uno se le ocurra comprar. Viene de **bricoler** *(brikole),* que significa hacer pequeños trabajos caseros.

Prenons un pot!

(prënÕ un po)

Nadie salvo un vasco diría en español "vamos a tomarnos un pote". ¿Y qué es un pote? Ah, pues es una especie de vaso alto hecho de barro. ¿Ya empiezas a ver por dónde va la cosa? Esta es una frase para invitar a tomarse una copa.

Índice

D

E

F

G

N

O

P

R

Z